Maria Anna Loehn-Siegel

Theatererinnerungen und vermischtes

Maria Anna Loehn-Siegel

Theatererinnerungen und vermischtes

ISBN/EAN: 9783744618717

Hergestellt in Europa, USA, Kanada, Australien, Japan

Cover: Foto ©ninafisch / pixelio.de

Weitere Bücher finden Sie auf **www.hansebooks.com**

Theatererinnerungen

und

Vermischtes

von

Anna Löhn.

Leipzig.
J. A. Bergson-Sonenberg.

๖

Inhalt.

I. Wie es in einer kleinen Theaterloge zugeht. ... 5
II. Hinter den Coulissen. — — — — — — — — — — 17
II. Das Fräulein von Langeland. — — — — — — — 27
    Die Kunst im Schnee. — — — — — — — — — 65
    Vermischte Aufsätze:
    Eine Jugendliebe … … … … 79
    Kleinstädter … … …
    Land … … … 97
    Am See … … … 106
    Die … … … 112
    … … … 121

I.

Wie es in einer kleinen Theaterloge zugeht.

Das vielköpfige Ungeheuer v. B., einer Mittelstadt Deutschlands, war ein liebenswürdiges Ungeheuer. Es schonte den Bast seiner Hände nicht, wenn ihm ein Künstler gefiel.

Das bewies es heute vorzüglich der Tochter des Schauspieldirectors Ulzmer, welche die Ophelia in „Hamlet" executirte. Zwar machte ein übelwollender Künstler der Ulzmerschen Truppe die Bemerkung:

Sie sind (die Zuschauer nämlich) so vergnügt, weil wir heute unsere Abschiedsvorstellung geben und sie uns nun los werden.

Aber dem war nicht so. Die Ulzmersche Truppe war eine der besten im Lande, sie zählte viele und tüchtige Mitglieder und wenn Natalie Ulzmer auch keine Ristori war, so hätte sie sich mit ihrer Ophelia doch auch an manchem großen Theater sehen lassen können, ohne Fiasco zu machen.

Sie sprach vielleicht die Worte: „Wehe mir, daß ich sah, was ich sah, daß ich sehe, was ich sehe!" etwas zu weinerlich, zu gerührt und rührend. Aber das Publikum von B. wollte einmal gerührt sein, es wollte weinen. Uebrigens hatten jene Worte auch noch eine ganz andere als thränenreiche Wirkung. So wie sie erklungen waren, flog aus der Loge des jungen Grafen und Lieutenant Winholm (in welcher jedoch kein Mensch zu sehen war, da, wie man in der ganzen Stadt wußte, der junge Graf bei seinem plötzlich erkrankten Onkel auf dem Lande verweilte) ein riesengroßes Rosenbouquet und sank dicht vor den Füßen der überraschten Künstlerin nieder. Sie hatte es bemerkt, daß das Bouquet aus Winholms Loge kam, heftete einige Secunden lang den Blick auf den leeren Raum und grüßte fast unmerklich hinauf, obgleich sie Niemand im Hintergrunde der dunkeln Loge unterscheiden konnte. Doch Natalie konnte sich nicht lange bei diesem Ereigniß, das sie gleichwohl sehr zu beschäftigen schien, aufhalten, denn jenes Rosenbouquet hatte förmlich das Signal zu einem großen Fluge von Blumensträußen (man war im Sommer und die Blumen waren also billig) nach der Bühne gegeben. Es kamen immer mehr, sie umsausten die holde Ophelia, dazu rief man: Hier bleiben! Noch einmal spielen! Wieder kommen! und Natalia=Ophelia knixte und dankte und drückte die Blumensträuße an ihr Herz, so daß sie selbst aus= sah wie ein Blumenfüllhorn.

Es war ein furchtbarer Lärm in dem nicht allzugroßen, heute überfüllten Hause.

Oben aber im dritten und letzten Range des Theaters, wohin heute wegen Mangel an Platz, die übrigen, in Hamlet nicht beschäftigten Mitglieder der Ulzmer'schen Truppe verwiesen worden waren, um von dort aus Nataliens Triumphe zu sehen und zu beneiden, wurden die Zungen

lebendig, als aus Winholms Loge das tellergroße Rosen=
bouquet auf Ophelia zuflog und huldigend zu ihren Füßen
niedersank.

Die Mitglieder hatten sonst eine bessere Loge im zwei=
ten Range, aber heute, wo das Haus „ausverkauft" war,
mußten sie dem zahlenden Publico weichen und erhielten
jammervolle Plätze im dritten und letzten Range, „auf
dem Topfe," wie man zu sagen pflegt. Aber auch diese
karge Vergünstigung wurde ihnen noch sehr hoch angerech=
net, denn sie hätten, wenn des Directors Ansicht und Vor=
schlag durchgegangen wäre, gar keine Plätze erhalten.

Freilich, des Directors Vorschläge blieben stets nur
Vorschläge und Madame Ulzmer, die, seitdem sie das Fach
der allerersten Liebhaberinnen allergnädigst auf ihre einzige
Tochter übergetragen hatte, gar nicht mehr auftrat, weil
sie für Mütterrollen nur sehr mittelmäßigen Beruf fühlte,
oder besser gesagt, aus Eitelkeit keine Lust empfand, Alte
zu spielen, war mehr Director als ihr Gemahl. Madame
Ulzmer hatte also befohlen: „Die Mitglieder erhalten Plätze,
wir stechen den kleinen pecuniären Vortheil durch den Bauch
und lassen die anderen „Prisen" und „Puten" von Liebhaber=
innen hübsch zusehen, wie Natalie geehrt und bekränzt wird,
weil ihnen Allen eine solche Ehre noch nie widerfuhr und
auch niemals widerfahren wird. Ganz besonders kann es
den albernen, eingebildeten Müttern unserer übrigen jugend=
lichen Liebhaberinnen gar nichts schaden, wenn sie ein wenig
gedemüthigt werden und einsehen lernen, daß Natalie ihre
Töchter mehr als zwanzigmal übertrifft.

Heute können sie nicht sagen: Der Applaus ist gemacht!
Denn so viel Hände als heute thätig sein werden, können
wir nicht bezahlt haben. Das sollen sie sehen und sollen

Bescheidenheit lernen. Diese Mütter sind eine wahre ägyptische Plage! Das ewige Betteln für die lieben Töchter, das Klatschen, Raisoniren, Kuppeln; Mann, ich sage Dir, wenn Du wieder eine Liebhaberin engagirst — erste Bedingung: keine Mutter darf sie haben — mitbringen wollt ich sagen!"

Madame Ulzmer, die sich in den erwähnten Theatermüttern bis auf das „Betteln", welches sie als Directorin nicht nöthig hatte, selbst schilderte, entschied also, wie immer, und Herr Ulzmer fuhr still in seinen Polonius=Kaftan, den er, bildlich genommen, nie auszog. Denn fragte seine Ehehälfte ihn: Sieht jene Wolke nicht aus, wie ein Wiesel? So sagte er: Ja! Und fand sie, die Wolke habe Aehnlichkeit mit einem Elephanten oder Kameel, so bejahte er wieder.

Die Mitglieder in der schlechten Loge des dritten Ranges bestanden heute nur aus Damen, denn in Hamlet wird ein großes Herrenpersonal erfordert und manches Mitglied männlichen Geschlechts der Ulzmerschen Truppe, mußte an diesem Abende und überhaupt in jedem großen Stücke dessen Besetzung ein bedeutendes Personal voraussetzt, zwei, ja bisweilen auch drei kleinere Parthien übernehmen. Auch der Director war „Polonius" und „Geist von Hamlets Vater" in einer Person, obgleich er selbst und seine Rollen noch weniger, jemals etwas mit Geist in schmeichelhafter Bedeutung des Wortes zu thun hatten. Das dreimalige „Schwört" konnte er mit seiner dünnen metalllosen Stimme nicht mehr grauenerregend genug sprechen und deshalb hatte er einen Theaterarbeiter dressirt, der eine gewaltige Baßstimme besaß und welcher diesen seinen rohen Baß noch dazu in einen großen Trichter stoßen mußte, was nun einen so schauerlichen Ton gab, daß man, wären lustige Studenten in der Stadt Hauptpublicum gewesen, wie in andern Städten, sicherlich den Ruf vernommen haben würde: Noch 'mal schwören! Noch 'mal schwören! Ach aber arme Natalie, wie erging es Dir und Deinem Gruße oder Blicke nach Winholms Loge?

Die Damen-Colleginnen, schon verstimmt über die Zurücksetzung auf den „Topf" ließen all' ihr Gift auf Dich herabspritzen und wer Phantasie gehabt hätte, würde plötzlich die ganze Gesellschaft da oben in Kröten, Ottern, Basilisfe und derartiges Gezücht verwandelt gesehen haben.

Erst hatten sie schon ernstlichen Streit untereinander, die holden Jüngerinnen der Musen. Die Plätze waren karg zugemessen und die liebe Jugend saß schon da, als später der schwere Train, die Artillerie, das ältere weibliche, meist dicke Personal anrückte, diejenigen, die „Mütter" spielten und zugleich „Mütter" einiger hier engagirten Anfängerinnen waren.

Der Streit wäre unterblieben, wenn Du, o göttlicher Shakespeare, den sublimen Einfall gehabt hättest, die Mütter Rosenkranzes und Güldensterns und die Weiber einiger Schauspieler zum Beispiel auch die alte Hekuba, „die schlotterige Königin" in Deinem Stücke mit auftreten zu lassen. Ja, wenn Du gar der schlotterigen Königin eine Rede in den Mund gelegt hättest, auf welche ein Applaus folgen könnte, so würde die Dickste sich dünn zu machen versucht haben, um angemessen schlotterig, lappig und zu Thränen reizend auszusehn.

Als nun das schwere Geschütz mit breiten Rücken, Schultern und sonstigem gewichtigen Zubehör in die kleine schlechte Loge einzog, da fühlte die schlanke Jugend sogleich, daß, wenn sie solchen Quartiermachern nachgab, es für si[e] unmöglich werden würde von der Vorstellung auch nu[r] eine Scene und von Natalien auch nur die Nasenspitze z[u] sehen. Die Taillenlosigkeit und Schulternmächtigkeit einiger sol[-]cher Damen auf den Vordersitzen der Loge, mußte wi[e] dichtgerammelte Pallisaden ohne Schießscharten auf di[e] dahinter Verborgenen wirken, denn die hintere Sitzreih[e] war durch eine unglaubliche Nachlässigkeit des Baumeister[s] nicht höher, sondern parallel, ja, wie einige Damen behaup[-]teten, sogar tiefer, als die vordere angebracht worden.

Endlich trat die gefürchtetste von Allen, Madame Mit[-]esser ein. Sie ging im Flügelkleide, nicht der Unschul[d] aber der Coquetterie. Ein helles Gewand umflatterte ih[re] antediluvianischen Formen und als sie die jungen Dame[n] welche auf der Vorderbank saßen und einmüthig sitze[n] blieben, eine Zeit lang mit Indignation angeblinzt hatt[e] begann sie mit ihrer hohlen weinerlichen Stimme, die s[ie] Zeit ihres Lebens verhindert haben mochte, Rollen, wie d[ie] Jungfrau von Orleans, und ähnliche, zu spielen:

„Aber ich sehe nicht ein, warum wir die Mamselle da sitzen lassen, indessen wir älteren Damen (nein, so sag[te] sie nicht — älter wurde Madame Mitesser in ihren Auge[n] nie) sie sagte: indessen wir verheiratheten Damen hi[er] stehen!

Madame Mitesser hatte nämlich keine Tochter unte[r] den schlanken jungen Damen auf der Vorderbank, sie hat[te] nur einen Sohn im Orchester, dessen verrätherisches Alt[der Mutter manche kummervolle Stunde bereitete.

„Meine Tochter muß vorn sitzen, begann eine der Mütte[r] die höhere Opernmutter und komische Mutter; meine Toch[ter

ter spielt das ganze Soubrettenfach, welches bekanntlich ein **erstes** ist. „Aber Fräulein Quirl könnte aufstehen, sagte sie leiser zur Mitesser — was ist die Große am Theater? Aushülfsrollen — ach! und da sitzt gar ihre Mutter unten in der Ecke — nein, das wird zu arg."

Madame Mitesser (sie war eine geborne Lungenmuß und nannte sich früher: Lungenmuß-Mitesser, worauf die Studenten einer Universitätsstadt, wo die Dame einst gespielt, den Witz gemacht hatten: Sie ißt ihre eigene Lunge!) Madame Mitesser also, welche seitdem den Geschmack am Lungenmuße verloren hatte, beschloß jetzt die unbedeutende Mamsell Quirl loszueisen.

„Mamsell Quirl, sagte sie mit dem eigenthümlichen Tone ihrer Stimme, welcher an das Gesumse einer sich an den geschlossenen Fenstern tummelnden Sommerfliege erinnerte — Mamsell, rief sie der Nichthörenwollenden nochmals zu und tupfte sie unfreundlich auf die Schulter, — stehn Sie auf und machen Sie **verheiratheten** Frauen Platz."

Fräulein Quirl fühlte sich durch die Anrede „Mamsell", welche doch längst außer Gebrauch ist und nur von Madame Mitesser als Ausdruck höchster Verachtung gebraucht wurde, schon entsetzlich beleidigt. Sie war hübsch, jung, zog sich nett an, folglich war sie in ihren eigenen Augen eine große Künstlerin.

„Es ist doch sonderbar, sagte sie, indem sie sich schnippisch umdrehte und ihre große Nase im Profile zeigte, es es ist doch sonderbar, daß gewisse Damen, welche doch sonst ewig jung sein wollen, nur dann Vortheil von ihren **reifen** Jahren ziehen möchten, wenn es sich nicht um Rollenbesetzung handelt. Für jugendliche Rollen sind sie immer dieselben, d. h. die Kaumgeborenen, nur wenn es irgend einen Vorzug oder Vorrang gilt, dann sind sie die Respektspersonen aus dem vorigen Jahrhundert."

Fräulein Quirl war als naseweises Gelbschnäbelchen am ganzen Theater bekannt. Ihr Mäulchen stand keine Viertelstunde still, sie konnte ohne zu plappern in der Garderobe nicht einen Strumpf anziehn, aber jetzt sollte sie geschlagen werden.

„Wenn Sie nicht aufstehen, oder ihre großnasige Mutter aufstehn heißen, so zeige ich es der Direction an, donnerte die Mitesser mit der Stimme eines gereizten Insects, das den Ausweg aus einer geschlossenen Stube nicht finden kann. Wissen Sie denn nicht, daß Sie nur deshalb immer wieder auf eine kurze Zeit engagirt werden, weil Ihr Vater einst ein guter Freund der Directorin, ich wollte sagen der Direction, war? Aber es kostet mich einen einzigen Klatsch und das ist eine Kleinigkeit für mich —"

Einstimmiges: Ja! unterbrach die Sprecherin —

„Und Sie sind gekündigt und können die Meerschweinchen mit Ihrer hochwohlgebornen Gegenwart erfreun!" vollendete die Mitesser, unbekümmert um das unterbrechende Ja, ihren Satz.

Man kannte die fürchterliche Anstandsdame, die zwar nur noch im Besitze von zwei bis drei Rollen ihres früheren Faches war und für die Mütterrollen aus Eitelkeit noch weniger Beruf als Madame Ulzmer fühlte, welche aber eine falsche, schlaue, heuchlerische Person war und es nur gar zu gut verstand, der Directorin, der sie einst in zweideutigen, den guten Ruf eines Frauenzimmers nicht fördernden Angelegenheiten, große Dienste erwiesen hatte, zu schmeicheln, sie am Gängelbande zu führen und von deren chronique scandaleuse den vortheilhaftesten Gebrauch zu machen.

Deshalb erhoben sich bei der letzten Drohung der Mit=esser, Mutter und Tochter Quirl wie auf einen Schlag und die Furchtbare, so wie die Mutter der Soubrette stiegen über die Bank, welche unter ihrer Last ein wenig knackte.

Madame Mitesser wandte sich triumphirend an die dicke Mutter der jugendlichen Liebhaberin, Madame Ginz, welche noch stand und über die Soubrette und die zweite und dritte Liebhaberin hinwegschielte.

„Heißen Sie doch noch eine von den Mamsellen auf=stehen, rief sie dieser zu. Machen Sie es wie ich."

„Ich stehe nicht auf, erklärte die Soubrette, die auch ein gutes Mundwerk hatte und mit der Mitesser stets in Streit lebte.

„So will ich es thun, sagte die zweite Liebhaberin, die zugleich alle sprechenden Pagen spielte. Meine Mutter ist zwar heute beschäftigt und giebt die Königin zum ersten Male, ich hätte Sie gern gesehen — aber ehe ich mir Gemeinheiten sagen lasse, gehe ich lieber von selbst. Sie nahm ihr Tuch, raste hinaus, schlug die Logenthüre furcht=bar hinter sich zu und ging nach Hause.

Ein Gelächter folgte ihr und die Mutter der jugend=lichen Liebhaberin, Madame Ginz, welche ihre Tochter für die erste lebende Künstlerin hielt, schwang sich lächelnd auf den Vordersitz.

Stolz saß sie nun neben ihrer Tochter, welche eben so stolz als die Mutter, ihre Collegen und Colleginnen nur mit Ausnahmen zu grüßen pflegt.

Sie war ebenfalls hübsch, nur sah ihr die Stupidität

zu den stierenden Augen heraus. Jetzt erging sie sich mit
der Mutter in spitzigen Bemerkungen über Natalie und
deren Spiel, aber weh! beide wurden auf eine höchst uner=
wartete Weise unterbrochen.

Die Mitesser hatte nämlich die Gewohnheit, sich aus
der Loge hinauszulehnen und hinab zu dem Publicum zu
beugen, um gute Bekannte zu suchen, Anzüge besser zu sehn
und zu bekritteln und was dergleichen unwichtige Dinge
mehr waren. Sie that es heute auch, treu ihrer für die
Danebensitzenden unausstehlichen Gewohnheit. Uneingedenk
aber des schwachen Bänkchens, welches diesmal die Wucht
ihres Körpers zu tragen hatte, ließ sie sich ein wenig
zu derb zurücksinken, das Bänkchen knackte zum zweiten=
male, die Damen sahen sich verdutzt an, rückten unruhig
umher — das Bänkchen brach gerade unter der Mitesser
zusammen. Mit einem dumpfen Laut des Entsetzens, den
zum Glücke die paukende und trompetende Musik des Zwi=
schenaktes verschlang, verschwand die ganze weibliche Kunst=
genossenschaft unter die Rampe und starrte verzweifelnd
zum nahen Kronleuchter empor.

Die Mitesser hielt die feindliche tadelsüchtige Soubrette
dicht und zärtlich umschlungen, der Hut saß ihr im Nacken,
ein falscher Zopf hatte sich gelöst und sank schwer auf die
mächtigen Schultern. Nur eines war merkwürdig zu sehn:
die Mitesser die doch so sehr an den Nerven litt, war
nicht blaß geworden. Wer es kann, erkläre sich diesen
Umstand. War das Roth ihrer Wangen vielleicht aus
Paris oder von „Jung" in Leipzig?

Nach und nach krabbelten sich die Damen wieder auf
und zeigten sich dem erstaunten Publicum des dritten
Ranges, welches ihr Verschwinden und die seltene Ein=

müthigkeit, mit der dasselbe geschah, am meisten bemerken mußte, eine nach der andern wieder.

Sie sahen Alle verstört aus, die Haarputze zerknüllt, die gepufften Scheitel schief, die Gesichter blaß, sie glichen Ahnenfrauen im Grillparzerschen Stücke wie sie so aus der Unterwelt wieder auftauchten.

Nur die Mitesser war nicht zu bewegen, aufzustehen, sie behauptete, sie habe einen Knochen gebrochen, ihr linkes Bein wackele und mit der unteren Parthie des Rückens sei es auch nicht ganz richtig.

Vergebens erklärte man ihr, nicht sie, nur die alte Bank habe ein Bein gebrochen. Sie entschloß sich nicht eher zum Wiederaufstehn, als bis das verhängnißvolle Bouquet aus Winholms Loge auf die Bühne flog, wo das Ereigniß, aus einer Loge ein Bouquet fliegen zu sehen, wo doch kein Mensch zu sehen und deren gewohnter Besitzer nicht im Orte war, sie urplötzlich federkräftig emporschnellen ließ.

Mit verbogenem Hute lehnte sie sich über die Brüstung der Loge, ließ unachtsam den falschen Zopf hinab ins Publikum gleiten und vergaß ganz und gar den Schmerz in der Ausgangsparthie des Rückens.

Der Blick Nataliens nach Winholms Loge wurde bemerkt, gedeutet — wie? wollen wir stillschweigend übergehn und die ganze Damenwelt in der kleinen Loge vergaß den gehabten Schrecken und Unfall in dem einen und einmüthig empfundenen eifersüchtigen Schmerze, aus welchem alle die giftigen Pfeile auf Nataliens Ruf geschmiedet wurden:

„Auch d e n hat sie gekapert. Er ist gekommen, um

ihr das Bouquet zuzuwerfen! Er will sich nicht sehn lassen denn man weiß, sein Onkel ist gefährlich krank! Aber sie hat ihn schon so gefesselt, daß er Alles vergißt, was ihm bisher theuer war, daß er kommt, um ihr ein Bouquet von Rosen zuzuwerfen! Wehe geschrien! Wehe! O verberbte, dreimal verderbte Welt! — Konnte sich der Graf nicht in mich verlieben?"

II.

Hinter den Coulissen.

Im schönen Schlesien, dem preußischen, schweifte ich einst gegen den Willen meiner Eltern als Kunstnovize umher. Ich regte dort zuerst die schauspielerischen Flügel und zwar selbstverständlich sogleich in den größten Rollen. Unter andern Orten beehrten wir Glatz mit unserer Gegenwart, d. h. die Gesellschaft, der ich mich übergeben hatte und meine Wenigkeit also mit eingeschlossen. Man kann sich einen Begriff von der Begeisterung machen, mit der wir die Rollen executirten, wenn man den Umstand berücksichtigt, daß wir die Gage gewöhnlich in Raten von fünf Silbergroschen erhielten. Zwar las ich bei einem Mittagsmahle, das aus dünnem Kaffee und Butterbrod bestand, eifrig die Briefe Eduard Devrients über die Rachel, aber demohngeachtet schlich sich am Abende, wenn man die Amalie in: „Drei Tage aus dem Leben eines Spieler's" darstellen sollte, etwas Erschlaffung und Entmuthigung ein; denn, so sparsam man auch mit Dreierbroden in die sechzig Pfennige dividirt hatte, aus welchen ein Fünfsilbergroschenstück bekanntlich besteht, die

„Drei Tage aus dem Leben eines Spielers" waren oder sind un genieß bar und machten doch mit ihren fünf oder sechs Akten den ganzen Magensaft rebellisch, so daß die letzten Reste des letzten Fünfsilbergroschenstückes höchstens den Appetit, nicht aber den Hunger zu stillen versprachen. Zwar borgte der kleine Wursthändler, der Würstchen und Semmeln hinter den Coulissen ausbot, ziemlich lange auf unsere ehrlichen Gesichter los; wenn er dieselben aber gar zu lange im Wurstvertilgungsprozesse hatte wackeln sehn, wenn gar zu viele Semmeln aus seinem Korbe uns armen Mimen die Kraft verliehn hatten, das Publikum durch unsere Kunstleistungen zu entzücken, oder es auch nur vom Zischen und Auspochen abzuhalten und wir zagten noch immer vor dem Augenblicke, der unsere Fünfsilbergroschen= stücke in seine Blechbüchse führen sollte — ha! da wurde sein Gesicht endlich so braun, wie eines seiner belicieusen Würstchen; er eiferte, er schmähte, er mahnte, er drohte wegzubleiben, aber er wurde bezahlt. Er; die alma mater der hungernden Schauspieler wegbleiben! Ent= setzlich! Er, unsere wandelnde table d'hôte. Er erhielt zwar von meiner jugendlichen Unzurechnungsfähigkeit den Spitznamen: „Das zürnende Würstchen" oder die „begütigte Semmel" aber wenn er Geld bekam lächelte unser „Rabe" über alle Spitznamen der Welt.

Ich wohnte in einem schlechten Gasthofe nahe am böhmischen Thore. Dort hatte ich ein Zimmerchen schmal und lang wie ein Handtuch. Hinten hinaus wohnten noch mehre von meinen Collegen, die Thüre zu dem Zimmer des Einen, welcher sich für ein enorm komisches Talent hielt, befand sich auf demselben Gange oder Vorsaale, nahe der Treppe, wo auch der Eingang in meine schmächtige

Clause war. Dieser Schauspieler, ich habe seinen Namen vergessen, war ein gutmüthiger, aber leichtsinniger Mensch. Er hatte mir einst seine kurze Lebensgeschichte erzählt, kurz, aber nicht erbaulich, wonach zu schließen er, um mich gelind auszubrücken, ein Thunichtgut war. Sein Vater sollte ein achtbarer Zimmermeister Berlins sein, er selbst, der minder achtbare Sohn, war seinem Lehrherrn irgend welcher Profession früh entlaufen und dem dunkeln Drange gefolgt, welcher ihm Lorbeeren auf der Künstlerlaufbahn verhieß. Er ging zuerst mit reisenden Gesellschaften in die Steppen Ungarn's und von dort nach Bukarest, wo er sich weiter nichts zu holen hatte, als das gelbe Fieber. Als er diese Krankheit glücklich überstanden hatte, berieth er mit sich selbst, wie er es wohl möglich machen könnte, nach Deutschland zurückzukehren. In Bukarest gaben gerade Athleten öffentliche Vorstellungen. Ein Gedanke kommt meinem spätern Collegen! Er überschaut seine Gestalt, sie ist sehr klein und gedrungen, er betrachtet sein Kinn, kein Haar sproßt dort, er prüft seine wiedererrungenen Kräfte und findet, daß er noch wie früher, große Lasten und Gewichte mit Leichtigkeit heben kann, er horcht auf seine Stimme, sie klingt weich und hoch — sein langes blondes Haar, sein weißer Teint bestimmen ihn noch mehr: er bietet sich dem Direktor der Athletengesellschaft als zwölfjähriges Wunderkind an. Der Direktor ein Freund harmloser Illusionen, wenn sie sich vortheilhaft für seinen Geldbeutel erweisen, nimmt das Kind auf, füttert es mit den kräftigsten Speisen, verbietet ihm zu wachsen, als seiner Carrière höchst gefährlich und fertigt ihm mit verstellter Hand einen Paß an, den er seinen Mitgliedern zeigt. Die Mitglieder glauben an die Wunderthätigkeit des zwölfjährigen Ber=

liner Kindes und die Vorstellungen beginnen. Der wieder zum Knaben gewordene Berliner Jüngling entzückt die Wallachen. Er ißt immer mehr Rindfleisch und wird also ein immer bedeutenderer Künstler. Auch Pferdefleisch genießt er mit dem besten Erfolge für seine Künstlerschaft. Aber das Glück macht ihn übermüthig, er verräth sich, d. h. sein Alter, der Nimbus verschwindet, mit ihm die gute Fütterung, die Gage und endlich bleibt ihm nichts mehr übrig, als selbst zu verschwinden. Er entflieht wie durch ein Wunder, sicherlich das letzte seiner berühmten Kindschaft und kommt nach Ungarn. Er bettelt sich tagelang von Hürde zu Hürde, wo er oft fürchtet von den wüthenden Schäferhunden der Pusta zerrissen zu werden und kommt endlich, mit noch immer nicht zerstörten Hoffnungen auf künftige Künstlergröße, wieder in Deutschland an. Schon hatte er wieder bei mehren Schauspielergesellschaften bewiesen, daß er ein größeres Talent zum Rindfleischessen, als zum Comödiespielen besaß, als auch sein so viel gepriesenes Athletenthum in Glatz zu Schanden werden sollte.

Die Glatzer waren dazumal ein curioses Völkchen, sie waren moderne Vandalen, sie haßten uns und unsere Kunst Mißtrauisch sahen sie unserm Einzuge in ihre Stadt zu und wenn sie auch nicht gerade (wie es in einem preußisch=polnischen Orte einmal einer Schauspielergesellschaft begegnet sein soll) riefen: „Nehmt die Wäsche herein, die Schauspieler kommen!" so drückte sich doch in ihren Gesichtern eine gewisse Ueberlegenheit aus, welche die Empirik giebt und welche unsere Gemüther mit düstern Ahnungen erfüllte.

Auch in dem Gasthofe, wo ich wohnte, war man im höchsten Grade antischauspielerisch gesinnt — und erzählte von unterschiedlichen mit Schulden „ausgekniffenen" Künstlern, die man gern, wenn man ihrer nur habhaft werden könnte, wenigstens mißhandeln möchte. Der schrecklichste Vandale war der Hausknecht des Hôtels, auf seine vom Roste des gemeinsten Materialismus zerfressene Seele wirkte auch nicht einmal ein Freibillet in unsere beste, wenn auch leerste Vorstellung. Was bisweilen selbst den Ingrimm eines Gläubigers zu mildern im Stande sein soll, ihn erweichte es nicht, denn er war — das ist notorisch — Gehülfe eines Scharfrichters gewesen. Allerdings mochten sich, so bald sie die Antecedentien des Hausknechts ausgewittert hatten, meine Herren Collegen, sowohl der Bukarester Athlet und Wunderthäter, als auch die beiden Andern die hinten hinaus wohnten, manche Anspielung auf das frühere Henkerthum desjenigen, der am Morgen ihre Stiefel putzte, erlaubt haben. „Spiele nicht mit Schießgewehr!" Eines Tages sollte der Henker im Hausknecht fürchterlich erwachen und wer weiß, ob nicht ein an sich harm= ja sogar salz= loser Witz die Veranlassung dazu gegeben hatte. Ich saß eines Mittags vor meiner Kaffeemaschine und bereitete mir ein ächt sächsisch=erzgebirgisches Mahl, d. h. einen dunkeln Saft, eine Art spartanische Ursuppe, an welchem die deutsche Möhre oder Rübe größern Antheil hatte, als die kleine braune Schöne des Orients, die Kaffeebohne. Dazu studirte ich Engels Mimik. Auch meine Kaffeemaschine verläugnete das Geflickte des Künstlerthums, wie es bei einer reisenden Gesellschaft in Glatz und ähnlichen Ortschaften aufzutreten pflegt, nicht. Sie bestand aus einer einfachen Meßkanne, von welcher der Henkel bereits abgeschmolzen war, sie erhob sich auf einem Drahtgestell, welches mir mein früherer Hauswirth, ein Bürstenbinder, aus starken Drähten zusam=

mengebunden hatte und um nicht weniger als drei Zünfte um diesen häuslichen Altar der einfachsten Kochkunst zu vereinigen, lohete die Spiritusflamme aus einer Pommadenbüchse von so starkem thönerem Calibre empor, daß man nicht wußte, sollte man mehr die Thonverschwendung des Töpfers beklagen oder die schlaue Betrügerei des betreffenden Haarkünstlers bewundern, der so wenig Pommade für vieles Geld gegeben hatte. Man stand sonach mit gemischten Empfindungen vor dieser starken Pommadenbüchse deren Inneres einem Tulpenkelche glich, der fast kein Kelch mehr ist, weil die Blätter schon ziemlich verblüht sind und umgeklappt um den Stiel hängen. Doch dieser Umstand kümmerte meine Laren wenig. Loderte ihnen doch täglich wiederholt eine köstliche Spiritusflamme aus der ihren eigentlichen Beruf früher verkannt habenden Pommadenbüchse bläulich zuckend, fuselhaft duftend empor. Jetzt also auch saß meine Pythia, die Schweidnitzer Meßkanne, wieder auf dem drahtgeflochtenen Dreifuß und schon schlängelten sich in einzelnen Rauchwölkchen und Dämpfen die prophetischen Ahnungen ihres erhitzten Gehirns, kaffeeduftig empor, als auf dem Vorsaale ein fürchterlicher Lärm entstand. Ich hörte die Stimme des Berliner Wunderkindes, welche jetzt nicht mehr hoch und weich, sondern sehr berlinerisch „jrob" klang. Er rief: „Ik werde wohl das Recht haben, einen dummen naseweisen Schusterjungen zu ohrfeigen, der mir sagt, ik sollte seinem Meister die Stiefeln, die er mir gemacht, gleich auf einmal bezahlen und nicht — in Raten von fünf Silbergroschen! dachte ich bei mir selbst, weil mir die letzten Worte meines Collegen in einem Schwall von unziemlichen Redensarten, die ihm verschiedene Stimmen jetzt entgegneten, verschwanden. Noch hörte ich

den Athleten rufen: „Der Schusterjunge hat mir einen
Schauspielerlump jeschimpft und da hab' ick ihn jeohrfeigt
und so soll es jedem jehn, der mir schimpft!" Da entstand
ein unheimliches Gepolter von die Holztreppe heranstürmen=
den Tritten, ich öffnete die Thür. Wehe mir, daß ich sah,
was ich sah! ruft Ophelia in Hamlet. Das Theater lag
vor mir und eine Schreckensscene entwickelte sich vor meinen
unmündigen Augen, es war die erste Prügelei, die ich sah.
Hu! da war auch der Scharfrichtergehülfe mit der blauen
Schürze. Dieses auf das friedlichere, hausknechtliche Treiben
hindeutende, weibliche Gewand, die Schürze, hatte die
Wildheit seiner Sitten nicht zu zähmen vermocht.

Er nahm in den rohesten Ausdrücken Parthei für den
geohrfeigten Schusterjungen und ließ dabei Rachegedanken
fallen, von wegen eines Witzes, der über ihn gemacht
worden sein sollte, betreffs seines einstigen Henkerthums.
Kleine Ursachen gebären große Wirkungen. Jener kleine
Witz (auch eine Art kecker Schusterjunge) stachelte den rie=
sigen Hausknecht so auf, daß er wie ein Gummiball auf
den armen dunkelrothen, vor Wuth zitternden Athleten
losschnellte. Auf der Treppe stand ein ganzes Auditorium
von Fuhrleuten, Postillonen, Schusterjungen, auch der Meister
des Geohrfeigten und — zur Rache anfeuernd, eine moderne
Eris Schlesiens — verhüllet Euch Ihr Genien weiblicher
Milde und Versöhnlichkeit — die Wirthin des Hôtels.
Ich wiederhole nicht, von welchen Worten der Beschimpfung,
der Verachtung ihr zahnloser Mund überfloß. Sie hetzte
den Hausknecht (kein frommer Knecht war Fridolin!)
immer mehr auf den Schauspieler los. Er hätte erliegen
müssen, denn der riesige Knecht drückte ihn furchtbar an
die Wand — o, die Schäferhunde der Pusta waren zahme

Ohrwürmchen gegen diesen gebornen Folterknecht des Glatzer Gasthofs! — Aber siehe da, wie kein ächtes Ritterspiel des rührenden Schlusses entbehren darf, wie die unterdrückte Unschuld darin siegreich aus dem Kampfe hervorgeht, weil die Rächer und Retter auf die Minute eintreffen, so erschien auch dem armen Mimen, der ja nichts weiter verbrochen hatte, als daß er seinem Schuster einen Stiefel auf einmal bezahlen wollte, die rächende Nemesis zur richtigen anberaumten Stunde.

Die Collegen, die hinten hinaus wohnenden, die jenseits des Ganges (nicht des indischen Flusses, wohl aber jenseits eines hölzernen, über den Hof führenden Ganges) einquartirten Collegen, kamen aus ihrem Hinterhalte hervorgestürzt, ihre übertrieben rostigen Schwerdter für die Rittercomödien bestimmt, in den Händen, welche letztere mit großen Fausthandschuhen bedeckt waren. Sie hatten Hamlets „Merkwort zur Leidenschaft" wie es schien, und der Eine von ihnen (er war einst Friseur gewesen und ist später zum Perrückenstocke zurückgekehrt) hielt den auf der Treppe versammelten Angreifern eine äußerst pathetische Rede, in welcher allerdings mehr von der Polizei vorkam, als für die Poesie und das sonst so poetische Gemüth des Friseurs schicklich war. Was ich aus der Rede behalten habe sind ungefähr die Worte: „Geht Alle nach Hause! denn da der Uebel größtes die Schulden sind, so werde ich die Stiefeln bezahlen. Dir aber Hausknecht sag' ich noch das Eine, die Polizei hat Augen, Ohren, Beine! Es schwebt das Schwert ob Deinem dummen Schädel, es hängt, es schwebt an einem einz'gen — Fädel — " der Improvisator unterbrach sich hier, aus Furcht sich noch mehr zu blamiren, als er es schon mit den Reimen „Schädel und Fädel" gethan hatte. Aus dem Metrum einmal herausgestürzt und der gemeinen Prosa wieder verfallen, setzte er noch hinzu: Ich hab' einen guten Freund bei der Polizei, und wir ziehn Alle aus, nicht wahr?

Ja, rief ich, und ja! donnerten meine Collegen.

Das wirkte besonders mächtig auf die habsüchtige Wir=thin. Ich und die jenseits des Ganges Wohnenden, hatten jederzeit pünktlich bezahlt; wenn wir auszogen standen nicht weniger als drei Zimmer leer. Die Scene verän=derte sich. Der Athlet, an den Friseur=Protector gelehnt, wie die Rebe sich an den Ulmbaum schmiegt, lachte sich schon ins Fäustchen, denn die Wirthin begann etwas, das wie ein begütigendes Wort klang, zu murmeln und da wir unempfindlich dagegen blieben, lockte sie des Friseurs Hund, ein dickes Dächslein mit Namen Ami (ein ursprüng=lich lateinisches Wort: amicus, von welchem die galanten Franzosen den cus abgeknippen haben!) mit größter Zärt=lichkeit an sich und versprach ihm Knochen.

„Nichts von Verträgen, nichts von Knochen," rief da der Friseur und gab Ami einen unsanften Tritt, damit er auf seine Weise die Situation begreifen lernte und sich zurückzog.

Eben so thaten die auf der Treppe Versammelten, sie zogen sich zurück.

Es geschah nun viel im Gasthofe, was den Zweck hatte, uns zum Bleiben zu bestimmen, wir aber suchten uns an=dere Logis, verkauften einige bewegliche Gegenstände, ver=setzten auch etliche Dinge, die es werth waren versetzt zu werden und traten am ersten des Monats einmüthig in die Wirthsstube ein, um zu bezahlen und — zu scheiden.

Die Wirthin empfing uns verlegen, der Hausknecht hockte hinter dem Ofen — vier gekränkte Schauspieler würdigten ihn keines Blickes und keines Trinkgeldes. Noch einmal begann die Wirthin, durch einen Wink ihres Mannes dazu aufgefordert, etwas von „Wiederkommen und wenigstens bei ihr zu Mittag essen" zu murmeln, aber der Friseur=Sprecher erwiderte, indem er nach der Gegend deutete, wo der Hausknecht saß: „Ihre Mahlzeiten würden nur Henkersmahlzeiten für uns sein. Ihr habt uns nicht verstanden. Schlimmstes Loos auf Erden, von seiner Mit=welt nicht verstanden zu werden."

III.

Das Fräulein von Langeland.

Die reisenden Theatergesellschaften sind in der Garten=
cultur der Bühnenkunst die Mistbeete. Alternde Schönheiten, deren Trieb nach ewiger Jugend und jugendlichen Rollen sie eine bessere Sphäre meiden heißt, herabgekommene Stimmen, sich verkannt glaubende Genies, und solche, die der Druck der Verhältnisse gelieb=
teren Studien entriß, um nur so bald als möglich ins Brod zu kommen, sei es so schmal wie es wolle, — dieses Gemisch, außer noch vielem, was ich nicht nennen kann und mag, bildet die vegetabilische Fäulniß, aus der schon manches ja gewiß die meisten und größten Bühnentalente hervor=
gegangen sind, gleich herrlichen Pflanzen, deren Blüten und Früchte die Menschheit ergötzen. Aber auch der, der den Menschen überhaupt zum Gegenstande seines Studiums ge=
macht hat, der Lebensgeschichten der interessantesten Art und merkwürdige Charakterbilder sucht, findet daselbst einen reichen und noch wenig berührten Schatz.

Die nachfolgende Erzählung giebt davon ein Beispiel.

Als ich meine theatralische Laufbahn begann, brachte ich selbst einige Zeit bei einer reisenden Gesellschaft zu und lernte da eine Schauspielerin kennen, die mir gleich von allem Anfange an die entschiedenste Antipathie einflößte. Sie war nicht mehr jung, wenn auch keineswegs alt, sie war nicht mehr schön, sie spielte fast gar nicht Comödie, weil Niemand sie sehen mochte, sie „statirte" fast nur, es war für mich also kein Grund zur Rivalität vorhanden und doch ging ich ihr stets aus dem Wege. Ich wußte selbst nicht, warum mich ihre Frivolität mehr verletzte, als die der andern, warum ihr Hohn über unsere kleinen und schlechten Bühnenverhältnisse, ihr Spott über unsere Toiletten, die allerdings dazumal keineswegs brillant waren, mir schneidender vorkam, als der aller andern Colleginnen und Collegen, der doch ebenfalls nicht nach Feinheit strebte.

Endlich, als ich länger mit ihr an derselben Bühne war, wurde es mir klar. Sie verleugnete die Bildung, die sie wirklich hatte uns gegenüber völlig und geberdete sich so frivol und spottsüchtig, weil sie uns übrige Schauspieler und Schauspielerinnen verachtete.

Eines Morgens fand ich, als ich auf die Probe kam, die harte, höhnende Frau in Thränen. Sie rief mir zu: „Kind, Kind, um Gotteswillen fliehen Sie das Theater, es ist nichts als Elend dabei, als Entwürdigung, als Gemeinheit!"

Sie war außer sich. Als sie etwas beruhigter zu mir reden konnte, erfuhr ich, daß der Director, über den wir allerdings viel Ursache hatten zu klagen, der sehr kränklichen Frau zumuthete, in Soldatenkleidern auf der Bühne zu erscheinen und eine Woche lang zur Vorbereitung eines Stückes jeden Tag Exercierproben mitzumachen.

„O Gott," rief die Arme händeringend aus, „wenn ich nicht für meine Kinder sorgen müßte, wenn es nicht eine Sünde gegen meinen guten thätigen Mann wäre, ich hätte dieses elende Leben schon längst von mir geworfen! O, liebes Kind," fuhr sie zu mir gewendet fort, „das wurde mir nicht an der Wiege gesungen. Wer hätte dem jungen Fräulein von Langeland solch ein Prognostikon zu stellen gewagt!"

Wir wurden unterbrochen. Ihr Mann kam, einer jener herabgekommenen Tenore, von denen ich früher sprach, aber ein guter Gatte und Vater. Er schien tief ergriffen und beschloß, sogleich zum Director zu gehen und sich zu beschweren.

Die Unglückliche litt es nicht. „Wie," rief sie, „willst Du Dir das ganze Engagement verscherzen? Bedenke doch, wir sind mitten im Winter, die Kinder besuchen kaum seit einem Monat endlich einmal eine gute Schule — nein, nein, ich wurde zum Leiden geboren, ich will aushalten ich werde aushalten!"

Und Sie hielt aus. Sie machte die vielen Exercier= proben, zu denen wir alle eines elenden Stückes wegen verurtheilt waren, mit, ja sie fand sogar in kurzer Zeit ihre Heiterkeit wieder, die freilich in nichts bestand, als in übertriebenen Spöttereien und frivolen Anspielungen, mit denen sie mich besonders verfolgte, weil ich noch in Verle= genheit gerieth.

Ich muß gestehen, daß seit jenen Ausbrüchen der fürch= terlichsten Verzweiflung, in denen ich die Unglückliche im Probezimmer überrascht hatte, meine Neugierde und Theil= nahme für sie in hohem Grade war angeregt worden. Ich sah nun deutlich, daß ihr abstoßend rauhes und hartes We=

sen, dessen sie sich wahrhaft befliß, aus innerer Zerrüttung hervorging. Sie rang mit der gegenwärtigen elenden, niedrigen Stellung, in der sie sich befand, und schönen, herrlichen Erinnerungen an eine Zeit, wo sie wohl den, der ihr eine solche Zukunft hätte prophezeihen wollen, kaum eines verächtlichen Blickes würde gewürdigt haben. Je mehr ich darüber nachdachte, desto interessanter erschien mir dieser Contrast. Meine Phantasie malte schon eifrig an dem frühern Fräulein von Langeland und dessen einstigen glänzenden Verhältnissen, und endlich beschloß ich sogar, die merkwürdige Frau in ihrer Wohnung aufzusuchen und mir, wenn sie nicht Stillschweigen darüber gelobt habe, die Erzählung ihrer Lebensgeschichte zu erbitten.

Durch folgenden Vorfall wurde ich daran verhindert.

Wir führten Pugatschef von Gutzkow auf und ich hatte darin die Partie der Ustinja auszuführen, welche im vierten Akte ihren Vater erschießt, der sich unter den Gegnern ihres Geliebten befindet.

Der Director selbst spielte meinen Vater. Er hielt sich für einen sehr schönen Mann, obgleich er röthliches Haar und einen vollkommen rothen, borstigen Schnurrbart hatte. Dreimal hatte ich im oben erwähnten Stücke glücklich über dem Haupte des schönen Directors hinweggeschossen, dreimal war er seiner Ansicht nach mit unnachahmlicher Grazie sterbend in die Arme seiner ihn umgebenden Freunde gesunken, allein das vierte Mal sollte sein Spiel eine Wahrheit erhalten, die er nicht vermuthete und nicht wünschte. Die jugendliche, kaum zur Bühne gekommene Ustinja feuerte nämlich in der Hitze des Gefechts ihr Pistol diesmal so ab, daß das schöne Directorgesicht die ganze volle Pulverladung erhielt und er mit einem dumpfen

Schrei so natürlich auf die Erde sank, daß jede Theater=
schule ihn triumphirend ihren Zögling hätte nennen
mögen.

Der Vorhang fiel. Allgemeiner Auflauf. Alles fiel
über mich her; Offiziere, die dort das verjährte Vorrecht
hatten, hinter die Coulissen zu kommen, weil sie vielleicht
sonst gar nicht im Theater erschienen wären, stürzten auf
die Bühne und versicherten lebhaft, es habe vom Zuschauer=
raume aus geschienen, als zielte ich geflissentlich auf den
Adonis von Director. Seine Feinde unter den Mitglie=
dern der Bühne jubelten im Stillen, als der Tyrann sich
mit schwarzem Gesicht, verbranntem Schnurrbart und
Augenbrauen erhob, zornige Blicke um sich schleuderte und
seufzend das Schicksal pries, daß er im Stücke todt sein
mußte und dieses also ungestört seinen Fortgang nehmen
konnte. Mich traf freilich noch eine ganz besondere La=
bung seines Unwillens, die nur dadurch etwas gemäßigt
wurde, daß ihm kein größeres Unheil begegnet war, was
doch hätte geschehen können, und — daß ich die einzige
erste Liebhaberin war.

Allem aber setzte der Urtheilspruch der Schauspielerin
G...., der Heldin dieser Geschichte, die Krone auf, indem
sie laut und vor allen Anwesenden erklärte: nur eine so
dumme Person, wie ich, könne einen so dummen Streich
machen, aus mir werde nie etwas werden und ich hätte
am besten gethan, wenn ich mit dem Strickstrumpfe hinter
dem Ofen sitzen geblieben wäre und nie versucht hätte, in
die Welt zu treten.

Dieser Ausspruch machte einen um so unangenehmeren
Eindruck auf mich, je mehr mir selbst der Vorfall dumm
und ich mir ungeschickt erschien. Dazu kannte ich nichts

Verächtlicheres als Dummheit, und pflegte in jugendlicher Uebertreibung oft zu sagen: ich könne es vergeben, wenn man mich schlecht, aber nicht, wenn man mich dumm nenne. In diesem Augenblicke unterdrückte ich jede Antwort, begann aber jene Schauspielerin so bitterlich zu hassen, daß ich mir vornahm, ihrem Schicksale auch nicht die geringste Theilnahme mehr zu widmen. Ob ich Wort hielt, wird der folgende Abschnitt lehren.

———

Es ist merkwürdig, wie schnell Künstler, besonders Schauspieler, Bekanntschaft mit einander machen. Sie haben sich kaum zwei- oder dreimal auf Proben gesehen, so könnte man glauben, sie wirkten schon Jahre lang an derselben Bühne.

Dasselbe gilt meist von ihren in der Hitze oder Wuth gefaßten Entschlüssen. Ein günstiger Erfolg, ein glücklicher Wechsel in ihrem Schicksal stimmt sie meist auch gütiger gegen ihre Feinde.

So ging es mir. Ich hatte das Treiben der kleinen Bühne satt, wandte mich an ein großes Theater und erhielt Gastrollen.

O welch ein gesättigtes Rachegefühl liegt darin, einem tyrannischen Director kündigen und zugleich dem übrigen Personale zeigen zu können: seht, ich bin zu etwas Besserem geboren! wenn nämlich das Engagement in Aussicht eine Erhöhung und kein Herabsteigen ist. Mit welcher Wonne schreibt man die üblichen Worte: „Ew. Wohlgeboren zeige ich hiermit an, daß unsere contraktlichen Verbindlichkeiten vom 1. an als gelöst zu betrachten sind." Das sind geflügelte Worte, denn während man sie schreibt, flattert man schon im Geiste hinaus in die sonnige Weite, wie ein bunter Schmetterling, der von Blüte zu Blüte eilt.

Die nächste Probe wird eine Ovation, man weidet sich an den erstaunten und neidischen Gesichtern der Collegen man probirt nachlässig, man markirt nur und sagt huldvoll den Bittenden seine Protektion und Empfehlung an der besseren Bühne zu, wenn man dann später auch nie wieder an sie denkt und genug mit sich selbst zu thun hat.

Dies Alles lebte ich damals zum ersten Male durch und hatte den Triumph, sich mir auch die Schauspielerin G..., die unholde Sprecherin von neulich, nähern zu sehen um die Bitte an mich zu richten: wenn ich für ihren Mann an dem Stadttheater, welchem ich zueilte, etwas thun könne, sollte ich es doch ja seiner armen, unerzogenen Kinder wegen nicht versäumen. Sie war so aufrichtig, hinzuzu=fügen, daß sie freilich nicht geglaubt habe, ich werde so schnell oder überhaupt einmal an ein so großes Theater gelangen, sie habe sogar gestritten, es sei nicht wahr, aber sie gönne es mir von Herzen.

Obgleich die letzten Zusätze meine schon im Abnehmen begriffene Bitterkeit wieder verstärkten, hatte doch die gün=stige Wendung meines eigenen Schicksals und der Hinblick auf die traurige Lage der Zurückbleibenden so viel Macht, mich mit meiner Antipathie fast ganz auszusöhnen. Dazu kam, daß die Frau wirklich viel Gutes hatte, welches ich der guten Erziehung nach, die ich selbst genossen habe, un=möglich übersehen konnte. Sie war reinlich, ordentlich, thätig im höchsten Grade, und die Accuratesse in ihrer kleinen nomadischen Haushaltung, sowie das Aeußere und die Sitten ihrer beiden Kinder, die sie dem Theater gänzlich

fern hielt, konnten manche stabile und wohlhabende Wirth=
schaft beschämen. Die glücklichen Aussichten, die ich hatte, machten sie
gegen mich endlich so geschmeidig, daß sie mich bat, sie zu
besuchen. Ich überwand meinen letzten Widerwillen, und in der
Hoffnung, das Gespräch auf ihre Schicksale zu bringen, die
zu erfahren noch immer meine Sehnsucht war, verfügte ich
mich eines Abends in ihre Wohnung.

Wir waren allein und ich erreichte meine Absicht voll=
kommen. Sie hatte kein Stillschweigen über ihre frühern
Verhältnisse gelobt, ja es that ihr, so wie sie sagte, wohl,
sich wieder einmal darüber aussprechen zu können. Sie
mußte mich als ein Mädchen von Erziehung achten und
überließ sich um so unbefangener allen leid= und freud=
vollen Erinnerungen an die Vergangenheit.

Ich werde jenen Abend nicht vergessen. Wir saßen
bis gegen Mitternacht zusammen, die Thränen der armen
Frau flossen häufig, als sie mir das Miniaturportrait ihres
Vaters, eines schönen, dänischen Offiziers zeigte, als sie das
Stammbuch ihrer geistreichen Mutter aufschlug, wo Mat=
thisson, die Krüdener, Göthe und andere illüstre Geister
Worte des Scherzes, der heitern Freundschaft und Vereh=
rung niedergeschrieben hatten. Kleine schwarze Kreuze be=
zeichneten die theuren Vorangegangenen, welke Blumen und
fast in Staub aufgelöste vierblätterige Kleeblätter, die ver=
meintlichen Glücksverkünder, traten als stumme Zeugen
längst verflossener schöner Stunden aus den Papierhüllen
hervor, doch blässer als die vergelbte oft schwer zu lesende
Schrift erschien mir das Antlitz der weinenden, darüber
gebeugten Tochter.

Als ich sie verließ und allein in die warme, stille Frühlingsnacht hinaustrat, konnte ich nicht umhin zu weinen.

Bald erschien der Tag meiner Abreise, bis zu welchem ich die Schauspielerin G.... noch einige Male besuchte, da ich keinen Groll mehr, nur Mitleid und Theilnahme noch für sie hegte.

Von ihrem Logis aus verfügte ich mich sogar zur Post, die mich in das Land meiner neuen Bestimmung bringen sollte, da die Gegend, in der ich mich befand, damals und auch jetzt noch nicht, sich einer Eisenbahn zu erfreuen hat.

Ich gastirte, gefiel, wurde engagirt, konnte aber nichts für die arme Familie G.... thun.

Mehrere Jahre rauschten wechselvoll an mir vorüber, ich veränderte zweimal meinen Wohnsitz, befand mich immer wohler, machte nebenbei einige angenehme Reisen und muß gestehen, daß ich kaum einmal wieder an die Familie G.... dachte.

Da erhielt ich nach fast zweijährigem Aufenthalte in Dresden ein Bittschreiben durch die Stadtpost, das ich nachdem ich kaum den Anfang gelesen und seinen Zweck errathen hatte, wieder hinlegen und für eine gelegenere Zeit aufsparen wollte, als mein Blick auf die Namensunterschrift Malvine G ... fiel.

Ich las es hastig und fand, daß die Bittstellerin jene Schauspielerin war, deren Lebensgeschichte mich einst so tief ergriffen hatte. Sie theilte mir mit, daß sie sich schon seit einem halben Jahre in Dresden befinde und sich und ihre drei Kinder fast ganz allein durch ihrer Hände Arbeit ernähre, da ihr Mann, der seine Stimme verloren habe, als Clavierstimmer umherreise und ihnen nur wenig schicken könne. Sie habe von allem Anfang an recht wohl gewußt, daß ich an der Dresdener Bühne engagirt sei, doch würde sie nie gewagt haben, mich in meiner jetzigen Stellung mit unangenehmen Erinnerungen, wozu ihre Bekanntschaft doch gewiß bei mir gehörte, zu belästigen, wenn ihr nicht durch längere Krankheit auch die Arbeit entzogen worden sei, an der sie bisher noch nicht Mangel gelitten.

Um Arbeit bat mich die ehrenhafte Frau, aber nicht um Geld. Da ich die erstere nicht hatte, wenigstens nicht in dem gewünschten Genre, so sandte ich ihr das letztere, so viel ich davon gerade entbehren konnte.

Darauf sandte sie ihren Sohn zu mir mit einem Dankbriefe, der wahrhaft rührend war. Sie sagte darin, daß sie gewiß selbst würde gekommen sein, wenn sie anständig genug vor mir erscheinen könnte, und fügte die Censurbücher ihrer beiden ältesten Kinder hinzu, denen eine gute Erziehung und guten Unterricht zu geben, das einzige aufopfernde Streben der unglücklichen Mutter war.

In einem späteren Briefe bot sie mir an, ihre Lebensgeschichte, die mich ja einst so sehr zu interessiren geschienen, aufzusetzen und mir dann das Manuscript zu beliebiger Verwendung zu überlassen.

Ich nahm es dankbar an und sie übersandte mir zugleich die bestätigenden Contracte und sonstigen Zeugnisse, so daß ich mich von der Wahrheit des Inhalts ihres Manuscriptes vollkommen überzeugte.

Als sie mir sie einige Zeit später durch ihren Sohn wieder abfordern ließ, theilte sie mir mit, ihr Mann sei als Clavierstimmer nach Petersburg gegangen, befinde sich ziemlich wohl und beabsichtige die ganze Familie nächstens nachkommen zu lassen. Sie selbst und ihre Kinder würden bis dahin bei einer wiedergefundenen Freundin, die, ich glaube, in der Gegend von Königsbrück lebte, ihren Aufenthalt nehmen.

Seitdem sind wieder einige Jahre verstrichen, und da mir neulich das Manuscript der G.... unter meinen Papieren wieder in die Hände fiel, glaubte ich nicht länger zögern zu dürfen, so interessante, merkwürdige Begebenheiten der Oeffentlichkeit zu übergeben, besonders da dies der letzte Wunsch der Schreiberin zu sein schien.

Das Manuscript der Malvine G...., geborne von Langeland, lautet wie folgt:

„Ich muß etwas weit ausholen, um auf meine Person zu kommen, weil mein Erscheinen in der Welt eben so merkwürdige Ereignisse vorbereiteten, als begleiteten. Mein Großvater war der Oberstlieutenant von Burgwedel in Berlin; er besaß drei Kinder, zwei Knaben und ein Mädchen. Die Söhne dienten wie er in der preußischen Armee, die Tochter hatte mit ihren Brüdern jeden wissenschaftlichen Unterricht getheilt und, da sie einen sehr hellen Kopf besaß, weit mehr gelernt, als damals für eine Frau passend war. Mit sechszehn Jahren hatte sie bereits einen Band Gedichte geschrieben, die sie später als Frau in Kopenhagen herausgab.

„Sie liebte den jungen Baron von Hohendorf. Die Einwilligung zu dieser Heirath versagte ihr jedoch der Vater, theils weil beide Theile wenig Vermögen besaßen, theils weil Hohendorf rothes Haar hatte, welches mein Großvater ganz besonders verabscheute.

„In ihrer jugendlichen Verzweiflung und der Exaltation ihres Charakters schwur das Fräulein von Burgwedel, dem Ersten, der um ihre Hand werben würde und der dem Vater genehm wäre, ihr Jawort zu geben, gleichviel ob sie ihn lieben könne oder nicht.

„Herr von Langeland, damals Offizier in dänischen Diensten, sollte zu dieser Zeit in St. Petersburg ein Duell haben. Er kam von Kopenhagen, reiste über Berlin, besuchte daselbst einen Hofball, sah das Fräulein von Burgwedel und verliebte sich in sie. Er suchte sogleich Gelegenheit, in meines Großvaters Hause Zutritt zu erhalten, fand sie und that ein Gelübde, daß, wenn er gesund aus dem Zweikampfe in Petersburg hervorgehen sollte, ihn nichts hindern werde, um die Auserwählte zu werben. Das Glück war seiner Tapferkeit hold, er besiegte seinen Gegner, kehrte nach Berlin zurück, bat um ihre Hand und erhielt sogleich das Jawort.

„Vierzehn Tage darauf reisten die Neuvermählten nach Kopenhagen ab.

„Herrn von Langelands äußere Verhältnisse waren glänzend zu nennen und er selbst ein wahrhaft schöner Mann. Leider besaß er die Schwäche vieler durch Schönheit ausgezeichneter Männer, er war etwas geckenhaft und sein Verstand viel zu beschränkt, um einer so geistreichen Frau, wie seine Gattin war, genügen oder gar imponiren zu können. Er betete sie an und sank zu ihrem Sclaven herab.

„Mit Hohendorfs Bilde im Herzen lernte sie ihren Gemahl eher verachten und hassen, als lieben. Kaum sechs Monate lebten beide zusammen, als sie auch schon darauf bestand, nach Berlin zurückzukehren. Schwach, wie immer ihr gegenüber, willigte Herr von Langeland ein und brachte sie selbst zu den Ihrigen. Vier Monate später empfing er die schriftliche Anzeige von der Geburt eines Sohnes und zugleich wurde ihm von Seiten der Mutter der unwiderrufliche Entschluß zur Scheidung mitgetheilt.

„Keine Vorstellungen, keine Bitten, keine Thränen des

tiefbetrübten Gatten, der nach Berlin gekommen war, kein Widerspruch der Eltern vermochte ihren Entschluß zu erschüttern, und so wurde die schmachvolle Scheidungsacte aufgesetzt, die ich Ihnen, mein werthes Fräulein, übersandte und die den Beweis von meines Vaters unverzeihlicher Schwäche liefert.

„Aus übertriebener Zärtlichkeit für meine Mutter hatte er sich alles dessen beschuldigen lassen, was nöthig war, um die Scheidung nach ihrem Wunsche recht schnell vollzogen zu sehen.

„So reiste er denn allein und mit schwerem Herzen nach Kopenhagen zurück. Frau von Langeland blieb mit dem Knaben bei ihren Eltern in Berlin.

„Hohendorf, ihre erste, einzige und ausschließliche Liebe, starb sehr bald, die Vermögensumstände meines Großvaters wurden durch den Krieg sehr mißlich, da er sein ganzes Vermögen dem Könige von Preußen zu Gewährgeldern anvertraut hatte, und er sah sich genöthigt, den großen Aufwand im Hause bedeutend zu schmälern.

„Bekannt mit diesen unangenehmen und zweifelhaften Verhältnissen und nachdem sieben Jahre seit der Scheidung verflossen waren, wagte es Herr von Langeland aus reiner, unbegrenzter Liebe zu meiner Mutter — zum zweiten Male um sie anzuhalten. Die gegenwärtigen drückenden Umstände, die noch unheilvollern Aussichten für die Zukunft, sowie das eifrige Zureden meiner Großeltern, alles dies bewirkte, daß Herr von Langeland abermals das Jawort erhielt und zum zweiten Male mit meiner Mutter in der Kirche zu Flensburg getraut wurde.

„Fünf Monate lang vertrug sich Frau von Langeland leidlich mit ihrem Gatten, dann — bestand sie abermals auf Trennung, wollte jedoch im Lande bleiben und versprach sogar, später zu ihm zurückzukehren.

„Sie miethete ein Haus auf der Insel Führen, in deren Hauptstadt Odensee.

„Mit verschwenderischer Liebe schmückte mein Vater dies Haus wie einen Feenpalast aus, und fünf Monate später erblickte ich in diesem reizenden Aufenthalte das Licht der Welt.

„Hier lebte meine Mutter längere Zeit, hier war es, wo sie den „Aeronaut" schrieb, weßhalb sie mehrere Monate auf die Festung kam, weil sie in diesem Buche die dänische Regierung sehr angegriffen hatte.

„Mein ältester Onkel, der Lieblingsbruder der Mutter, fiel in dieser Periode als Flügeladjutant des Königs von Preußen bei Leipzig; immer dringender erinnerte mein Vater die Mutter an ihr Versprechen, zu ihm zurückzukehren, immer kälter wurde er zurückgewiesen.

„Da drohte er, uns Kinder zu rauben und mit uns nach Amerika auszuwandern.

„So gedrängt, machte die Mutter heimliche Reiseanstalten, um wieder nach Berlin zu ihren Eltern zu gehen. Aber mein Vater, der sie mit Spionen umgeben hielt, bekam Nachricht davon, und in einer Nacht wachte meine Mutter von einem Geräusch am Fensterladen ihres Schlafzimmers auf. Sie schlief mit meinem Bruder Emil parterre, ich mit der Amme eine Treppe hoch; auf dem Boden nur noch ein Dienstmädchen und ein Jockei, ein Knabe von 13 Jahren. Das war die ganze Einwohnerschaft des Hauses.

„Meine Mutter weckte den kleinen Bruder, ging leise die Treppe zur Amme hinauf und sagte dieser, daß eingebrochen würde. Die Amme öffnete vorsichtig das Fenster und gewahrte drei große Männer, damit beschäftigt, die Fensterladen zur Schlafstube meiner Mutter auszuheben. In der Gegend unseres Hauses waren nur einsame Gärten, Niemand war zu rufen, es blieb also den Belagerten nichts weiter übrig, als, nachdem sie die Andern geweckt hatten, sich so gut als möglich zu verschanzen.

„Es ereignete sich nichts weiter in dieser Nacht; im Nebengarten fingen gegen vier Uhr, da es Sommer war, Leute zu arbeiten an, meine Mutter rief sie, es kamen mehr denn zwölf Menschen zusammen, aber nirgends war eine Spur der Thäter zu entdecken. Die Läden waren ausgehoben, ein großer Stein herausgebrochen, so daß ein Mann sehr bequem hinein und heraus gekonnt hatte, aber merkwürdigerweise war nichts entwendet worden. Das brachte meine Mutter auf die Idee, der Einbruch rühre von ihrem Gatten her. Sie befahl der Amme, die sonst auch häusliche Arbeiten zu verrichten pflegte, nichts anzurühren und nur die Kinder im Auge zu haben.

„Als meine Mutter beim Frühstück saß, trat mein Vater plötzlich bei ihr ein, was seit ihrem Aufenthalt in Odensee nicht geschehen war.

„Doch Frau von Langeland, als vollkommene Weltdame, unterdrückte schnell ihr Staunen, lud ihn ein, mit ihr zu frühstücken und erzählte den Einbruch der Nacht, wobei mein Vater sich höchlich verwundert stellte. Als beide, mit dieser wechselsweisen Comödie beschäftigt, sich gegenübersaßen, stürzte auf einmal die Amme todtenbleich und zitternd ins Zimmer, warf sich zu den Füßen meines Vaters nieder und rief ganz außer sich: „Herr Commandant, ach, Herr Commandant, die Kinder!"

„Mein Vater erhob sich und indem er der Mutter

Lebewohl sagte, gab er ihr die feste Versicherung: nur wenn sie ganz zu ihm zurückkehren würde, bekäme sie ihre Kinder wieder zu sehen.

„Die eigene Schwester der Amme, die in Odensee lebte, war von ihm bestochen worden und hatte uns Kinder geraubt, nachdem sie ihre Schwester unter einem Vorwande von uns entfernt hatte.

„Meine Mutter war verzweifelt; aber selbst die Mutterliebe vermochte nicht, ihren starren Sinn, den sie durch's ganze Leben bewahrte, zu beugen.

„Zwei Tage später jedoch brachte der Bediente meines Vaters mich zurück; ich hatte zu sehr nach der Amme geschrieen, und der gute, besorgte Vater hatte gefürchtet, diese Trennung könnte meiner Gesundheit schaden. Der Mutter Liebling, mein Bruder, war und blieb in seinen Händen, obgleich sie sich an den König von Dänemark wendete und, als selbst das Gesetz den Knaben dem Vater zusprach, diesen mit tausend Bitten bestürmte.

„In einer trost- und schlaflosen Nacht fiel ihr ihr erster Hochzeitstag ein. Mein Vater hatte damals einer dänischen Sitte erwähnt, nach welcher die Braut den Brautkranz und die Strumpfbänder, die sie an diesem Tage trägt, sich aufzubewahren pflegt, um durch den Anblick von beiden den Eheherrn, wenn er ihr einst im Ehestande eine dringende Bitte verweigert, zu rühren und zu erweichen.

„Am Morgen nach dem Hochzeitstage hatte mein Vater seiner jungen Gemahlin ihren Brautkranz eingesiegelt übergeben und zwar mit der Bemerkung: sollte er ihr je eine Bitte verweigern und sie würde ihm diesen Kranz geben, so würde er den Wunsch erfüllen und sollte es auch sein Leben kosten.

„Gedacht, gethan. Mitten in der Nacht versah meine Mutter das Päckchen mit seiner Adresse, ohne weiter ein Wort hinzuzufügen, und zwei Tage später kniete mein Bruder Emil zu ihren Füßen und bat für den armen, verlassenen Vater.'

„Es war umsonst, und schon der nächste Tag fand uns auf dem Wege nach Berlin.

„Der Mutter starrer und unbeugsamer Sinn raubte uns Kindern einen guten, edlen Vater.

„Sieben Jahre später starb mein Bruder Emil, der Abgott der Mutter, denn er glich ihr an Geist. Sie ließ mich bei den Großeltern, reiste im Sommer auf die Güter ihrer Freunde, lebte dort den Wissenschaften und schönen Künsten und kehrte nur im Winter zu uns zurück.

„Ich hatte das zwölfte Jahr erreicht, als beide Großeltern schnell hinter einander starben, und die Bitten meines Vaters, der unterdessen in französische Dienste getreten war, mich kennen zu lernen, immer bringender wurden.

„Meine Mutter entschloß sich endlich, mich in das Kloster Alt=Breisach zu bringen; dort trennte mich nur der Rhein von meinem Vater, der in Neu=Breisach Commandant war.

„Man führte die Ankommenden in einen großen, schönen Saal im obern Stockwerke des Klosters. Dort sollten wir die Ankunft des Herrn von Langeland erwarten.

„Meine Mutter schien kalt und ruhig wie immer, ich aber starb fast vor Ungeduld und freudiger Spannung. Mein theurer Vater ließ nicht lange auf sich warten. Bald klirrten militärische Tritte auf der breiten Steintreppe, die zu unserm Gemach führte, die Thür flog auf — o wie schlug mein junges Herz! — und herein stürzte ein hochgewachsener, schöner Mann, der jünger schien, als er es wirklich war, und mit einer Herzlichkeit und Rührung auf meine Mutter zueilte, daß ich mich der Thränen nicht erwehren konnte.

„Friederike!" rief er mit bewegtem Tone und breitete die Arme aus —

„Herr Obrist! Sie vergessen" — erwiederte sie mit einer Festigkeit, die mir tief ins Herz schnitt.

„Ich eilte, die leere Stelle an seinem Herzen auszufüllen, ich flog in seine offenen Arme. Meine Mutter reiste sogleich wieder ab, ich aber suchte meinem guten Vater ihre Kälte und Härte durch verdoppelte Zärtlichkeit zu vergüten.

„O! es war nicht schwer, einem so schönen, liebenden Vater mit wahrer kindlicher Neigung anzuhängen. Täglich besuchte ich ihn, täglich erhielt ich neue Beweise seiner Liebe. Mein Kloster und der Vater sind die schönsten Erinnerungen meines Lebens. Ach! dieses Glück war zu groß, es währte nicht lange. Nach zweijährigem Aufenthalte in Alt-Breisach, mit vierzehn Jahren also, mußte ich meine Rückreise nach Berlin antreten, die Mutter wollte es so.

„Wenn ich dieses Tages gedenke, fühl' ich ein unbeschreibliches Weh mein Herz zusammenschnüren! Ich fuhr auf dem Rhein nach Mannheim, vorher hatte der Vater mir für ewig Lebewohl gesagt — hatte mir seine Heiligthümer, zwei Ringe mit den Haaren der noch immer geliebten Mutter, geschenkt und auf die Seele gebunden — am linken Rheinufer stand mein lieber, schöner Vater in der glänzend gestickten französischen Obrist-Uniform, am rechten Rheinufer stand mein Kloster, aus jedem Fenster winkten die schwarzen Nonnenschleier mir ein letztes Lebewohl nach, dicht am Ufer standen die Pensionärinnen und weinten laut! O wär' ich damals gestorben!

„Ich kam nach Berlin und meine Mutter kannte mich nicht. Als ein mageres, blasses Kind hatte ich sie verlassen, als eine wahrhaft schöne Jungfrau stand ich jetzt vor der Erstaunten.

„Sie reiste mit mir nach Stettin, wo ihr jüngerer Bruder Hauptmann war. Zwei Jahre lebten wir bei meinem Onkel, der nicht verheirathet war, da stürzte er eines Tages beim Manöver mit dem Pferde, und acht Tage später lag der lebensmuthige Mann — unsre letzte Stütze, unser letzter Schutz — als Leiche auf der Bahre.

„Mit tiefem Groll gegen das Schicksal und schwerem Herzen beschloß meine Mutter, die Heimat für immer zu verlassen, wo sie alle ihre Theuren vor sich hatte müssen ins Grab steigen sehen.

„Wir gingen in die Schweiz, und in der Nähe des Schlosses der Königin von Holland lebten wir ungefähr drei Jahre. Prinz Louis*) machte mir damals auf eine sehr auffallende Weise den Hof, doch eine innige, wenn auch nie ausgesprochene Liebe zu einem armen Studenten wahrte mein Herz. Es blieb dabei, daß er täglich mit der Mutter Schach spielte und mir die schönsten Blumen brachte, die aufzutreiben waren.

„Im Winter lebten wir in Constanz am Bodensee, und dort war es, wo ich auf so merkwürdige Weise zum Theater kam.

„Die in Constanz lebende Aristokratie pflegte sich die langen Winterabende durch Aufführungen kleiner, theils deutscher, theils französischer Comödien zu verkürzen, und es schmeichelte der Eitelkeit meiner Mutter nicht wenig, als

---
*) Kaiser Napoleon III.

ich bringend gebeten wurde, thätigen Antheil daran zu nehmen. Mir selbst war dieser Gedanke beängstigend. Ich besaß stets einen hohen Grad von Schüchternheit und Befangenheit, über welche beide vorherrschende Eigenschaften meine Mutter, welche einen wahrhaft männlichen Geist hatte, nicht selten in Zorn gerieth.

„Auch diesmal wurde meine schüchterne Opposition wegen des Comödienspielens sofort verworfen und ich trat mit Zittern und Zagen als ein Landmädchen in einem französischen Vaudeville zum ersten Male vor die entzückte Noblesse. Da dieselbe meistens aus meinen und meiner Mutter Freunden bestand, war es nicht schwer, Beifall zu erringen. Ich sah gut aus, ich sprach fertig französisch, was bedurfte es mehr unter guten Freunden?

„Meine Mutter, verblendet durch diesen Succeß, glaubte von nun an, ich sei für die Bühne geschaffen, und machte in dem Enthusiasmus, den sie für jede Kunst hegte, schon weitaussehende Pläne in Betreff der künstlerischen Zukunft, die mich erwartete.

„Wie viele täuschen sich in dieser Hinsicht! Ein Talent, das in geselligen Zirkeln excellirt, ist darum noch lange kein Talent für die Oeffentlichkeit. Wie schmilzt es oft, das sich in den Kreisen der Freunde und Bekannten aus Gefälligkeit bewundern ließ, vor dem theilnahmlosen großen Publikum zusammen! —

„Was mich nun betraf, so hatte ich gar kein Talent für die Bühne; meine Jugend und Schönheit mußte allein für diesen Mangel in die Schranken treten. Selbst der Beifall meiner Freunde ermunterte mich nicht zu größern Anstrengungen, und mit Schrecken hörte ich, daß meine Mutter mit Ungeduld der Ankunft einer großen reisenden

Schauspielertruppe entgegensah, wo ich dann auch vor dem großen Publikum und unter Künstlern geprüft werden sollte.

„Wohl mochten viele unserer aristokratischen Freunde diesen Schritt mißbilligen, doch die Willensfestigkeit und die siegreiche Eloquenz meiner Mutter hielt alle Bemerkungen nieder. Auch war es bekannt, daß unsere Vermögensumstände keineswegs brillant genannt werden konnten und daß die Freigebigkeit und splendide Haushaltung meiner Mutter früher oder später andere Hülfsquellen nöthig machen müßte.

„Die Schauspielertruppe kam, der Direktor nahm mit Freuden den Vorschlag an, mich als Novize der Kunst, versteht sich ohne Besoldung, unter seine Künstler aufzunehmen.

„Er that auch sehr wohl daran, denn er konnte gewiß sein, daß, wenn ich spielte, die ganze Aristokratie seine theuersten Plätze füllte.

„So vergingen mehrere Monate, ich trat in kleinen Partien, die mir meine Mutter mit Strenge und Genauigkeit einstudirte, immer öfter auf, und da dies jedesmal in den auserlesensten und prächtigsten Anzügen geschah, war der Jubel unserer Freunde über meine angenehme Erscheinung stets gleich groß. Nach dem übrigen Publikum wurde nicht gefragt. Ich jedoch blieb immer muthlos, immer ängstlich. Wenn ich spielte, saß meine Mutter in der ersten Coulisse und las mir die Worte vom Munde; wenn ich abging, tadelte sie mich über das und jenes; wenn ich nach Hause kam, wurde eine neue Rolle unter meinen Thränen und Herzklopfen einstudirt. Trotz der sichtbarsten Zeichen des Widerwillens und der Angst, mit denen ich an jede neue Aufgabe ging, ließ meine Mutter mir doch keine Ruhe und träumte fortwährend von meiner künstlerischen Zukunft.

„Da der Direktor der erwähnten Schauspielergesellschaft von Constanz nach St. Gallen ging, verabredete sie mit ihm ein Gastspiel daselbst für mich. — Sie ordnete ihre Angelegenheiten, verließ Constanz und fuhr mit mir in ihrem eigenen Wagen und Postpferden nach St. Gallen. Es war das letzte Mal, wie ich mich recht wohl erinnere, daß wir so vornehm reisten.

„Wir kamen wenig später als die Gesellschaft an, stiegen im ersten Gasthof ab, und meine Mutter hatte die Befriedigung, daß mein Erscheinen an der Wirthstafel große Sensation erregte. Ich trug ein schwarzes Sammtkleid, welches von meinem Teint und blonden Haar vortheilhaft abstach.

„Am Nachmittag war Probe. Ich sollte als Emma von Falkenstein in den Kreuzfahrern auftreten und dadurch die erste Vorstellung auszeichnen.

„Ich werde sie nie vergessen, diese Probe. Meine Mutter saß in der ersten Coulisse, wie immer, Regisseur und Direktor am Souffleurkasten in höchster Erwartung, ja es hatten sich sogar einige Gäste von der Wirthstafel im Zuschauerraum eingefunden.

„Kaum hatte ich eine Scene gespielt, so sahen Regisseur und Direktor sich bedeutend an und kamen dann einmüthig auf mich zu, um mir zu versichern, daß ich unmöglich die Emma von Falkenstein so spielen könne. Meine Mutter trat herzu, ich weiß nicht was sie sagte, nur dessen erinnere ich mich deutlich: die Probe wurde aufgehoben und aus meinem Auftreten in den Kreuzfahrern wurde nichts.

„Der Direktor erklärte, ich müsse mit sehr kleinen Rollen

anfangen. Meine Mutter, obgleich ihr Stolz sehr verletzt war und ich dies bisweilen übel empfinden mußte, willigte darein und ich trat mehrmals und in großen Zwischen= räumen in sehr kleinen Partien auf. Endlich wurde be= schlossen, es wieder einmal mit einer größern zu versuchen. Die dazu getroffenen Anstalten waren glänzend zu nennen, und selten ist wohl eine Theaterfee mit solchem ächten Glanz erschienen, als ich in jenem Stücke, dessen Namen ich aber vergessen habe.

„Mütterliche Liebe und Eitelkeit hatte es an nichts fehlen lassen.

„Am Morgen auf der Probe war Alles gut gegangen. Ich mußte, sowie sich der Vorhang zum ersten Male er= hoben hatte, heraustreten auf die Bühne, ungefähr bis zum Souffleurkasten gehen, dort eine Bewegung mit meinem Feenstäbchen machen und dann einige Verse sprechen.

„Der Abend kam, nun stellte sich wieder mein unheim= liches Zittern ein, welches jedem Auftreten vorauszugehen pflegte, als meine Mutter mit wichtigen und ernsten Er= mahnungen auf mich zukam, und vor ihrem Blicke auch jeder Schatten von Muth aus meiner Seele entwich.

„Der Vorhang ging auf, ich trat hinaus, ging bis zum Souffleurkasten, wußte mit einem Male nichts mehr von meinen Versen, machte die Bewegung mit dem Stäbchen und — ging wieder ab. In der Coulisse stand der erboste Direktor, er schickte mich wieder hinaus, indem er einige Flüche murmelte. Ich gehorchte, aber halb wie im Traume.

„Bei dem unheilvollen Souffleurkasten wiederum ange= langt, der Andern ein Retter erscheint, mir aber in meiner Geistesabwesenheit gar nichts nützte, machte ich dasselbe Manöver und ging — da mich meine Kräfte zu verlassen schienen und ich eigentlich kaum mehr wußte, was ich that — wieder ab. Diesmal lief ich dem Regisseur in die Hände, der mich fast hinausstieß, nämlich auf die Bühne. Da drehte sich mir Alles im Kreise, ich sah und hörte fast nichts mehr und brach in meiner schönen Feenkleidung dicht vor dem Souffleurkasten, glaube ich, zusammen. Der Vorhang mußte fallen.

„Wie sich das Publikum bei dieser Scene verhielt, weiß ich nicht zu sagen, habe es auch nie erfahren, denn meine Mutter durfte später nie an diesen Abend erinnert werden.

„Sie war wüthend, ich weinte. Alle Theatergegenstände wurden verkauft, ich möchte sagen verschleudert; denn meine Mutter fragte nicht darnach, was ihr für die theuersten und schönsten Garderobestücke geboten wurde, sie wollte nur Alles los sein, was sie an den fehlgeschlagenen Theaterversuch erinnern konnte. Es war nun fest und unwiderruflich beschlossen: nie sollte das Theater auch nur mit einem einzigen Worte wieder erwähnt werden.

„Wir verließen St. Gallen und gingen in eine andere Stadt der Schweiz, wo wir, da unser Vermögen durch so bedeutende und unbelohnte Anstrengungen sehr geschmolzen war, eine Art Unterrichtsinstitut für Mädchen gründeten. Dies glückte besser, als die künstlerischen Bestrebungen.

„Meine Mutter verstand mehrere Sprachen, ich war wenigstens des Französischen vollkommen mächtig, hatte im Kloster zu Alt=Breisach eine große Fertigkeit in den feinsten und schönsten Frauenarbeiten erlangt, und binnen kurzer Zeit standen wir uns monatlich über vierzig Thaler.

„Welcher böse Geist trieb mich damals, in dies endlich wiedergefundene Friedensasyl Unheil und Betrübniß zu bringen!

„Ich bin eigentlich mein ganzes Leben hindurch stets mehr leidend als handelnd gewesen, und auch diesmal war meine Mutter die mittelbare Ursache meiner veränderten Sinnesweise.

„Seitdem sie mir so streng verboten hatte, je wieder an das Theater zu denken, dachte ich nur um so fleißiger daran.

„Ich bedauerte und beweinte im Stillen den fehlgeschlagenen Versuch, wünschte es besser machen zu können und studirte in einsamen Stunden nichts als Rollen.

„Ich erinnere mich eines Abends, wo meine Mutter ausgebeten war und ich allein zu Hause geblieben. Das waren meine seligsten Stunden. Ich hatte mir einige Ellen weiße Gaze gekauft und davon eine Art Preziosacostüm mit Bändern und Blumen fabrizirt; den Turban, den ich dabei für unerläßlich hielt, wand ich aus einem seidenen Tuche zusammen und probirte so, vor dem Spiegel stehend, den ganzen Abend Preziosa. Da, o Schrecken! kam meine Mutter unerwartet früh nach Hause, sah mich in jenem Aufzuge, gerieth in heftigen Zorn und verbrannte meine mühsam herbeigeschaffte Garderobe.

„Ich weinte bittere Thränen, gelobte aber im Stillen, nun erst recht eifrig Rollen zu studiren.

„Das that ich auch, obgleich ich und meine Mutter darüber endlich in eine Art Feindschaft geriethen. Sie verfolgte meine jetzt aufkeimende Lust zum Theater mit eben so viel Tyrannei und Härte, als sie früher angewendet hatte, um mich dazu zu zwingen. Als wir eines Tages wieder einen heftigen Wortwechsel gehabt hatten, beschloß ich, sie heimlich zu verlassen und zum Theater zu gehen.

„Ich säumte nicht lange mit der Ausführung meines

Entschlusses. Einige Gazeröckchen waren wieder angeschafft worden, um bei einem Auftreten als Preciosa zu glänzen, meine übrige Garderobe schnell zusammengepackt, und ein schöner Herbstmorgen fand mich auf der Reise nach Mannheim.

„Da meine Baarschaft sehr gering war, eilte ich, mich dem dortigen Theaterdirektor vorzustellen, als ich kaum angelangt war.

„Man führte mich in ein prächtiges, mit rothen Vorhängen verhangenes Zimmer, durch welche die Sonne kaum hindurchzubringen vermochte.

„Der Direktor kam, lächelte bei meinem Anblicke sehr, und als ich zitternd und stammelnd mein Gesuch um Engagement anbrachte, zog er mich rasch auf einen Divan an seine Seite nieder und sagte: „das wird sich finden."

„Bald bemerkte ich, daß es sich hier weniger um eine Probe meines Talentes, als meiner Tugend handeln werde, und mit Entrüstung wies ich den Mann von mir.

„Jetzt begann ich meine Schutzlosigkeit zu fühlen; ich mußte meine Ohrringe verkaufen, um nach Frankfurt zu kommen, und dabei noch Mangel aller Art erdulden. Aber meiner Mutter zu schreiben oder zu ihr zurückzukehren — das kam mir nicht in den Sinn. Ich kannte ihre Unbeugsamkeit, ihre eiserne Strenge, und mußte sogar fürchten, wenn ich selbst meinen Stolz bezwingen wollte, von ihr zurückgewiesen zu werden.

„Es gelang mir, in der Umgegend Frankfurts bei einer kleinen reisenden Gesellschaft Engagement zu finden. Dort spielte ich (wie man beim Theater zu sagen pflegt) Alles, was gut und theuer ist, und gewann nach und nach für solche Verhältnisse so viel Routine, um mich nach einem bessern Engagement umsehen zu können.

„Ich wenigstens wähnte mich dazu berechtigt, weil sich meine frühere Angst beim Auftreten in so weit verloren hatte, daß ich im Stande war, meine großen Rollen (lauter erste Liebhaberinnen) ohne Steckenbleiben herunterzuleiern. Das Gesuchte fand sich leider nicht. Ich wechselte zwar die Truppe, aber nur in sofern, als ich jetzt in Thüringen herumreiste, wie ich es früher in der Nähe von Frankfurt gethan. Die künstlerischen sowie pecuniären Verhältnisse blieben gleich schlecht.

„Um die nöthige Theatergarderobe, wenn gleich auf der niedrigsten Stufe der Eleganz stehend, herbeizuschaffen, habe ich zu jener Zeit oft Wochen lang von trockenem Brode, Kartoffeln und etwas dünnem Kaffee gelebt.

„Doch freudig und gleich eifrig brachte ich der Kunst (in meinen Gedanken) dies Opfer.

„Endlich fand ich ein Engagement am Hoftheater zu Altenburg. Es war dies auch eine herumziehende Truppe, die die Ehre hatte, dort vor der fürstlichen Familie zu spielen, allein welch' ein Klang in meinem Ohr: ein Hof=theater!

„Für meine Mutter schien ich nicht mehr zu existiren. Vielleicht hatte sie meine Spur nicht entdecken können, denn ich hatte meinen Namen verkürzt und nannte mich anstatt Fräulein von Langeland Mademoiselle Lange. Doch wurde mir jetzt das Getrenntsein von der Mutter immer schmerz=licher. Wohl ahnte ich, daß ich ihre Liebe verloren hatte, aber ihre Verzeihung wollte ich erringen. Hatte ich sie doch nur aus Lust zum Theater verlassen und hatte sie selbst doch einst den ersten Grund zu dieser Liebe gelegt. Ich schrieb an sie, erhielt aber keine Antwort.

„Da drängte sich ein anderes Ereigniß dazwischen und

ließ meine Sehnsucht nach ihrer Verzeihung für einige Zeit in den Hintergrund treten.

„Ich lernte meinen Mann kennen.

„Diese Bekanntschaft begann sehr eigenthümlich.

„Mein Mann war nichts weniger als hübsch, ein faber Blondin, lang und hager, und für einen jungen Mann und Tenoristen gar zu steif und pedantisch.

„Alle Schauspieler machten sich über ihn lustig, wenn er auf die Probe kam; gewöhnlich in einem langen Oberrock, wie er damals Mode war, und Sporen angethan, obgleich er niemals ritt.

„Dabei schien sein Benehmen und seine Miene zu sagen: ich wundere mich recht sehr, wie ihr lachen könnt, da ich doch gar nichts Lächerliches an mir habe.

„Ich blieb hinter den übrigen Spöttern nicht zurück und versäumte keine Gelegenheit, ihm über seine Sporen, die oft beim Gehen in dem langen Rocke hängen blieben, etwas Angenehmes zu sagen.

„Dem ohngeachtet schien der sonst achtungswerthe junge Mann Wohlgefallen an mir zu finden. Es freute ihn sogar, als er mir eines Abends seine Begleitung aus dem Theater nach Hause anbot, von mir mit den Worten zurückgewiesen zu werden: „Ich dulde niemals Herrenbegleitung!" Dies war die Wahrheit. Das ehr= und sittsamste Bürgermädchen hätte nicht eingezogener leben können, als ich beim Theater. So gering mein Gehalt auch noch war, hielt ich mir doch stets des Anstandes halber ein Dienstmädchen, die Abends meine stete Begleiterin war. Gesellschaften und Bälle besuchte ich nie.

„Bald neckte man mich unter den Collegen und Colleginnen mit dem jungen Tenoristen, denn seine Verehrung für mich wurde immer unverhohlener. Noch wenige Tage vor unserer Verlobung hatte ich jene Neckereien mit den Worten erwidert: „Den langen Esel heirathe ich nicht!"

„Wenige Tage darauf trat der lange Esel bei mir ein und bat mich mit so rührender Verlegenheit um ein Viertelstündchen Gehör, daß ich es ihm gewährte. Nach mehrmaligem Abbrechen mitten in der Rede, nach öfterm Räuspern und Husten brachte er seinen Antrag heraus.

„Er wollte mich heirathen.

„Ich war mir in dieser Situation einem jungen Manne gegenüber so fremd, daß ich nichts sagen konnte, als: ich habe noch eine Mutter und müsse dieselbe erst fragen. Bis dahin aber könne ich ihm nicht erlauben, mein Haus zu betreten. — Ich schrieb abermals an meine Mutter und erhielt abermals keine Antwort. Der junge Tenorist wollte verzweifeln, soweit der Anstand es erlaubte.

„Endlich nach langer, banger Erwartung, in welcher Zeit ich Gelegenheit hatte, zu beurtheilen, daß G.... mich wahrhaft liebte, kam der ersehnte Brief. Meine Mutter schrieb in kurzen Worten, sie wolle meinem Glücke nicht im Wege stehen und wünschte mir alles Gute in meiner Ehe.

„Von allem Uebrigen, was zwischen uns vorgefallen war, erwähnte sie trotz meiner innigen Bitte um Verzeihung kein Wort.

„Mehr aus dem Gefühl des Verlassenseins, das mich beim Lesen des Briefes meiner Mutter recht schmerzlich überkam, reichte ich dem wackern G.... meine Hand. Liebe fühlte ich damals nicht für ihn.

„Meine dürftige Ausstattung nähte ich mir, als ich schon verheirathet war, selbst und schaffte sie theils von meiner, theils von meines Mannes Gage, die das Doppelte meines Gehaltes betrug, nach und nach an.

„Welch' ein Abstand gegen früher! Wie hätte ich das noch vor zwei Jahren für möglich gehalten!

„Bald verließen wir Altenburg und seine Truppe und gingen in die Schweiz, wo mein Mann bei einem der größern Theater eine vortheilhafte Anstellung gefunden hatte. Sein Tenor war, wenn auch nicht kräftig, doch weich und angenehm.

„Mit welchen Gefühlen ich die Schweiz wieder betrat, ist schwer zu beschreiben. Mein guter G.... half mir über die schmerzlichsten Erregungen getreulich hinweg durch seine liebevolle Theilnahme und sanften Trostzuspruch.

„Von meiner Mutter wußte ich schon aus ihrem Briefe, daß sie die Schweiz längst verlassen und sich wieder nach Berlin übergesiedelt hatte, wo sie trotz ihrer sehr geschmälerten Einkünfte, selbst wenn sie auf Reisen war, stets eine große, schöne Wohnung bezahlte. Niemals war sie dahin zu bringen, ein solches oft Jahre lang leerstehendes Logis aufzugeben.

„Von der Schweiz aus versuchte ich auch Nachricht von meinem guten, herrlichen Vater zu erlangen. Nach vielen Bemühungen erfuhren wir, er sei zu Paris an der Cholera gestorben, welchen neuen herben Verlust ich an der treuen Brust meines Gatten beweinte.

„An den Theatern, wo wir jetzt fungirten, konnte meine Thätigkeit nur eine sehr untergeordnete sein. Meine gänzliche Talentlosigkeit für die Bühne stellte sich hier recht heraus, und an die Stelle einer durch vieles Spielen mühsam errungenen Routine trat bald meine frühere große Schüchternheit.

„Ich spielte unbedeutende junge Frauen, nichtssagende Kammerfrauen, wortkarge Anstandsdamen und bezog eine verhältnißmäßige kleine Gage.

„Mein Mann dagegen stand sich recht gut, so daß ich jene Zeit die beste für uns nennen kann. Freilich wühlte der Schmerz über das fortwährende Grollen der Mutter heftig in meiner Brust. Ich hatte nun selbst zwei liebe Kinder und konnte es um so weniger begreifen, wie ein Mutterherz dem reuigen Kinde so lange zürnen könne.

„Die Geburt der Kinder war ihr, jedesmal von der Bitte um Verzeihung begleitet, mitgetheilt worden. Sie war Pathe zu meinem Knaben, ich hatte an ihrer Stelle die Pflicht übernommen, sie sandte den Kindern schöne und reiche Geschenke, allein das beste Geschenk, sich selbst, enthielt sie uns noch immer vor.

„Wir waren am Theater in Zürich. Mein guter Mann hatte mir ein Logis mit Garten und köstlicher Aussicht gemiethet. Dort saß ich eines Abends mit meiner kleinen, kaum einjährigen Malvine und sah mit Entzücken und Wehmuth in die herrliche Gegend hinaus.

„Mein Mann war im Theater beschäftigt, mein Erstgeborner spielte am andern Ende des Gartens unter Aufsicht des Dienstmädchens.

„Da schreckte mich aus meinen Träumereien mein eigener Name auf. Mein eigener Name, von einer Stimme genannt, die jedem Kinde die liebste ist.

„Malvine!" sprach meine Mutter, die dicht hinter mir stand und ihre Hand auf meine Schulter gelegt hatte.

„Mutter! Mutter!" rief ich jauchzend, und lag in demselben Augenblicke, in den Armen mein Kind haltend, laut weinend zu ihren Füßen.

„Ich wollte doch Deine Kinder sehen," fuhr meine Mutter fort, indem sie mich aufhob, und eine Thräne, die erste, die ich sie weinen sah, über ihre Wange rollte.

„Meine Mutter lebte von nun an immer bei uns. Sie liebte ihre Enkel sehr und konnte meinem guten Manne ihre Achtung nicht versagen.

„Ich bemerkte bald, daß sie während der Zeit der Trennung von mir, bedeutend gealtert hatte.

„Da sie sich nun entschlossen hatte, ganz bei uns zu bleiben, vermochten wir sie endlich auch, ihr Logis in Berlin aufzugeben.

„Sie verließ uns, um in ihre Vaterstadt zu reisen und ihre Angelegenheiten zu ordnen.

„Mehrere Monate vergingen jedoch nach dieser Abreise, ohne daß wir erfuhren, ob die Mutter in Berlin angekommen sei und wie sie sich befinde, obgleich sie mir heilig versprochen hatte, sofort nach ihrer Ankunft zu schreiben.

„In meiner Unruhe sandte ich endlich einen Brief an sie ab, aber nach längerer Zeit kam derselbe uneröffnet zurück.

„Unsere Angst um die Mutter wurde immer größer.

„Endlich beschloß ich, an die Hausleute in Berlin zu schreiben, die meine Mutter stets zu bezahlen pflegte, damit sie das unbewohnte Logis hin und wieder lüfteten und in ihrer Abwesenheit in Ordnung erhielten.

„Dieser Brief blieb ebenfalls unbeantwortet, und da bereits mit diesem Schreiben und dem Warten auf Antwort zwei Monate vergangen waren, faßte ich den Entschluß, selbst nach Berlin zu reisen und mir Aufklärung und Gewißheit über das Schicksal der Mutter zu verschaffen. Diese Trennung von meiner Familie wurde mir um so schwerer, als auch das Loos meines guten Mannes zu dieser Zeit schwankte. Der Direktor, bei dem wir engagirt waren, drohte sich insolvent zu erklären, und G.... war eben im Begriff, sich nach einem andern Engagement umzuthun.

„In dieser unsichern Lage mußte ich die Meinigen zurücklassen, einen vielbeschäftigten Mann mit zwei kleinen, der Mutter noch allzu bedürftigen Kindern! Doch mein Mann drängte mich selbst zur Abreise, und das nöthige Geld wurde nicht ohne viele Mühe herbeigeschafft. — Wie aber übertraf die Wirklichkeit an Graus und Jammer meine Befürchtungen! Ich schaudre, wenn ich daran denke.

„Ich kam nach Berlin, eilte in das Logis meiner Mutter, wo ich Alles in Unordnung und Verwirrung fand, und in einem Winkel des entferntesten Zimmers ein Wesen, das ich endlich, o Schrecken! für meine Mutter anerkennen mußte.

„Sie war leidend nach Berlin gekommen und in kurzer Zeit hatte sie dreimal hinter einander der Schlag gerührt. Beim dritten Male hatte er ihr Gehirn getroffen und die Unglückliche war wahnsinnig geworden!

„Verzeih' mir, Leser, wenn ich so schnell als möglich über die entsetzensvolle Scene dieses Wiedersehens hinwegeile. Denke, was eine Tochter fühlen muß, wenn ihr die früher geistvolle, feingebildete Frau, die sie stolz sein konnte ihre Mutter zu nennen, die sich in den vornehmsten Zirkeln elegant und imponirend zu bewegen gewöhnt war, — jetzt, nach so kurzer Zeit, auf allen Vieren kriechend, ekelerregend, heulend und verwildert, eher einem Thiere, als einem Menschen ähnlich — entgegenkommt.

„Ich begreife nicht, wo ich damals die Kraft hernahm, dem Schmerze nicht zu unterliegen.

„Meine Mutter kannte mich nicht; in den hellsten Augenblicken beklagte sie sich nur über die Hausleute, die sie mehrere Male in ihren Wuthanfällen jämmerlich gemißhandelt hatten.

„Welch' ein Graus! Jene fühllosen Menschen hatten nicht einmal einen Arzt herbeigerufen, weil sie fürchteten, ihre schändliche Veruntreuung des Eigenthums meiner Mutter, die sie sich hatten zu Schulden kommen lassen, würde dadurch eher entdeckt werden.

„Alle Preciosen waren auf dem Leihhause, schönes, werthvolles Geschirr zerschlagen, die Meubel in einem entsetzlichen Zustande, von Wäsche kaum eine Spur mehr.

„Trostlos irrte ich in den ehemals wohlerhaltenen, bekannten Räumen umher. Meine Mutter hatte ich vor allen Dingen in ein Krankenhaus bringen lassen, wo ich zwei starke, große Frauen zu ihrer Pflege hielt, da sie in ihren Wuthanfällen furchtbar war.

„Ich nahm einen Rechtsbeistand an, um eine Klage gegen die betrügerischen Hausleute zu erheben, aber der Mann war so klug, mir davon abzurathen, indem er sehr richtig bemerkte: wo nichts ist, hat selbst der Kaiser sein Recht verloren. Und das war bei jenen verworfenen Menschen der Fall. Sie waren so arm als gemein und schlecht, ich hätte nur Geldkosten gehabt, und begnügte mich daher, einige der werthvollsten Preciosen, die noch nicht verfallen waren, auf dem Leihhause wieder einzulösen.

Die Meubel verkaufte ich, um sie nur los zu werden und sobald als möglich wieder zu den Meinigen zurückkehren zu können.

„Von unsern frühern Freunden und Bekannten, die ich zu meiner Hülfe aufsuchen wollte, waren viele gestorben, viele Familien, gleich uns, durch den Krieg herabgekommen, andere hatten uns, da unsere Verhältnisse seit längerer Zeit nicht mehr glänzend waren, halb vergessen, noch andere nahmen Anstoß an meinem jetzigen Stande und wie das meist mit Freunden zu gehen pflegt. Man hat ja, so scheint es, die Freunde hienieden nur so lange, als man glücklich ist; im Unglücke fallen sie von uns ab.

„Mir ekelte vor Berlin und ich hatte nur einen Gedanken: es so schnell als möglich zu verlassen.

„Meinem Manne hatte ich das Unglück der Mutter mitgetheilt, jedoch vermieden, es mit den grellen Farben der Wahrheit zu schildern.

„Seine Antwort kam von Chemnitz in Sachsen, wohin ihn ein Engagementsantrag vor wenigen Tagen erst gerufen hatte.

„Ich dankte Gott, daß meine bewegliche Heimat mir dadurch bedeutend näher gerückt worden war.

„Was blieb mir übrig, als die wahnsinnige Mutter mit dorthin zu nehmen?

„Ihren Aufenthalt in einer Irrenanstalt zu erschwingen, dazu waren unsere pecuniären Verhältnisse zu kärglich, auch glaubte ich ihr meine kindliche Pflege, so lange ihr Zustand es irgend erlaubte, nicht entziehen zu dürfen.

„So machte ich mich mit der Wahnsinnigen, die ich in einem besondern verschlossenen Wagen unter Bewachung zweier kräftiger Personen transportiren ließ, die Reise von Berlin nach Chemnitz zu einer Zeit, wo Eisenbahnen das Reisen noch nicht erleichterten.

„Es war eine schreckliche und gefährliche Reise, doch die Hoffnung, die Meinigen bald wieder umarmen zu können, erleichterte mir Alles.

„Meine beiden kleinen Kinder fand ich vernachläſſigt und weinend in dem faſt noch uneingerichteten Logis ſitzen, das neugemiethete Dienſtmädchen hatte ſie verlaſſen, mein Mann war auf der Probe.

„Nun begann eine furchtbare Zeit für uns, die nur Geduld und Pflichtgefühl erträglich machen konnten.

„Ehe ich meiner Mutter eine Art Zwangſtuhl hatte können bauen laſſen, war ſie in ihren Wuthanfällen ſchon zweimal über meine Kinder hergefallen und hatte die armen Kleinen erwürgen wollen. Nur mit Mühe konnte man ihr ihre Opfer entreißen.

„Ach, ſie hat mich nur einmal wieder erkannt in den ganzen drei Monaten, die ſie wahnſinnig bei mir zubrachte. Es war kurz vor ihrem Tode. Der Schlag hatte ſie zum vierten Male getroffen und ihr anfangs ſelbſt die Zunge gelähmt.

„Einmal gewann ſie die Sprache wieder und dieſer Augenblick ſchien zugleich ein heller zu ſein. „Malvine!" ſprach ſie, „ich danke Dir!" ergriff meine Hand und ſah mich mit einem Blicke an, der das klarſte Verſtändniß ihres Zuſtandes in ſich zu faſſen ſchien.

„Wenige Augenblicke ſpäter verſchied ſie in meinen Armen.

„Sie ſchläft auf dem Friedhofe von Chemnitz, wo ich ihr ein einfaches Kreuz habe errichten laſſen.

„Von jetzt an ſchien alles Unglück mit einem Male über uns hereinbrechen zu wollen.

„Meines Mannes Stimme hatte durch eine längere Krankheit bedeutend gelitten, wir brachten mehrere Jahre bei kleinen reiſenden Geſellſchaften in Preußen zu und un=ſere Umſtände wurden immer drückender.

„Ich hatte ein drittes liebes Kind, mußte mich aber zu derselben Zeit, wo dieses das Licht der Welt erblickte, von meinem Manne trennen, der, neuerdings bei einer andern Gesellschaft engagirt, an den Ort seiner Bestimmung reisen mußte.

„Er schickte mir und meinen Kindern Alles, was er entbehren konnte; ich weiß, er darbte, um uns zu nähren, und dennoch reichte es nicht hin. Sobald ich konnte, arbeitete ich wieder für die Leute; doch meine beiden ältern Kinder bekamen die Masern, und mein Unglück war nun in voller Blüte.

„Doch weder Sie, mein werthes Fräulein, der ich zunächst diese Zeilen schreibe, noch andere Leser kann ich länger mit dieser sich von nun an wiederholenden Leidensgeschichte verstimmen.

„Diesen letzten Winter hier in Deutschland habe ich noch gräßlich gelitten. Ich habe Gott weiß was alles für Schritte gethan, um etwas zu verdienen, allein zehn Wochen war ich krank, und wie schlecht werden feine Arbeiten und Stickereien hier bezahlt!

„Alles, was ich noch an Werth besitze, steht auf dem Leihhause, die liebsten Andenken meines Vaters und meiner Mutter, die ich mir durch Hunger und Kummer erhalten hatte.

„Was ich an Garderobe besaß, habe ich für die Kinder zerschnitten und zugerichtet, denn meine Kinder müssen Alles haben, was nöthig ist. Sie gehen ordentlich und anständig.

„Ich führe das nur gegen Sie, mein werthes Fräulein, an, um Ihnen zu beweisen, daß nur die höchste Verzweiflung der Mutterliebe mich zu meiner Bitte um Unterstützung getrieben hat.

„Endlich ist ein Brief von meinem guten Mann wieder eingegangen, der, wie Sie wissen, als Clavierstimmer nach Petersburg gegangen war, nachdem er seine Stimme verloren hatte.

„Durch unermüdlichen Fleiß glaubt er uns dort eine bleibende Stätte gründen zu können. Der Himmel gebe es!

„Und so sage ich Ihnen denn für diese Welt Lebewohl. Segnend geleite Sie das Dankgefühl einer Mutter, auf deren dunklen Weg Sie Lichtblicke streuten, durch's Leben!

„Matt und krank scheide ich von Deutschland und werde wohl bald unter Rußlands kalter Erde schlafen!" —

* * *

So weit das Manuscript der Malvine G...., geborne von Langeland.

Ich habe nichts wieder von ihr gehört, als daß sie wirklich mit ihren drei Kindern nach Petersburg abgereist ist.

Als Schauspielerin war Malvine G.... ganz unbedeutend, und sie pflegte oft selbst zu sagen, daß sie an sich die Erfahrung gemacht habe, wie große, ja unüberwindliche Lust zu einer Sache durchaus noch nicht Befähigung dafür bedinge.

In zwei Rollen hat sie mir nicht mißfallen: nämlich als Mathilde in „Lorbeerbaum und Bettelstab" und als Dolmetscher im „artesischen Brunnen", welchen sie bei jener reisenden Gesellschaft, wo ich sie kennen lernte, spielen mußte, da kein Herr vorhanden war, der französisch sprechen konnte.

Sie sprach ein ausgezeichnetes Französisch, ohne die geringste Spur eines deutschen Accentes, auch das Dänische konnte sie noch ziemlich fertig.

Ihre Vorzüge waren lediglich jene Gattentreue und Mutterliebe, die sie glanzvoll durch die traurigsten Schicksale hindurch bewährt hat.

Die Kunst im Schnee.

Hoher Schnee war in der Nacht vor dem Tage gefallen, den der Director der reisenden Schauspielergesellschaft, bei der ich mich zu Anfang meiner theatralischen Laufbahn befand, zur Uebersiedelung von Neiße nach Ratibor in Schlesien anberaumt hatte.

Reich mit Stroh versehene Korbschlitten nahmen alle die stolzen Posa's, Prinzessinnen, Könige, zärtlichen Väter, unzärtlichen Mütter, glücklichen und unglücklichen Liebhaber- und haberinnen in buntem Durcheinander, mit komischen Bedienten und groben Hausknechten vermischt, in ihre unwirthsamen, unordentlichen Tiefen auf. In mir selbst erniedrigte sich so manche adelstolze Gräfin, so manches feine und verzogene Salonpüppchen, so manches gekrönte hochschwebende Königshaupt in dem Maaße mit einem alten Strohhute bedeckt in das Stroh des Schlittens dankbar hineinzukriechen.

War es nun, daß das Stroh auf meinem Haupte, obgleich es italienisches genannt wurde, und das deutsche, gute Haferstroh um mich her, sogleich mit einander sympathisirten, und daß diese Sympathie sich mir selbst alsbald mittheilte: genug, es dauerte nicht lange, so fühlte ich mich ganz wohl und behaglich in der halmigen, ökonomischen Umgebung. Ein brauner alter Tuchmantel meiner Mutter, den ich ihr, in Neiße angelangt, hatte zurückschicken sollen, der aber, wie Figura zeigte, noch immer bei mir war, ein brauner Tuchmantel, dessen Kragen (er hatte einen solchen geführt!) vielleicht längst in meiner Heimath zu „Papier ohne Ende" war verarbeitet worden, schützte mit antikem Faltenwurf meine junge Person vor Witterungseinflüssen. Auch ein schwarzer baumwollner Tüllschleier hing zu diesem Zwecke von meiner italienischen Kopfbedeckung über mein Gesicht herab.

Aber das später eintretende Schneegestöber und der Hauch meines Mundes und meiner Nase, hatten endlich vereint so deprimirend auf seine Färbung gewirkt, daß er sich zuletzt entschlossen zu haben schien, der Gewalt zu weichen und meinem Hute und meinem Gesichte den Stempel seiner Nachgiebigkeit mit Druckerschwärze aufzudrücken.

Mit schwärzlichen, undeutlichen Hieroglyphen stand die Fahrlässigkeit des schwarzen baumwollnen Schleiers auf der Blende meiner welschen Kopfbedeckung verzeichnet, so lange letztere dem Zahne der Zeit zu trotzen vermochte. Wenn man alte Garderobe nicht verschenkt oder verkauft, kann sie nach und nach eine Art gegenständliches Tagebuch werden.

Doch schnell zurück in den Schlitten, wo ich, mir gegenüber sitzend, den Regisseur und ersten Komiker unserer Gesellschaft mit frostigem, heute durchaus nicht komischem Gesichte erblicke. Das Einzige, was ihn zu trösten scheint, ist seine Pfeife und sein Hund, ein gelblicher Pinscher von der Sorte, die ich nie ausstehn konnte. Neben mir sitzt seine Frau, (d. h. des Regisseur's nicht des Pinscher's) mit einem kleinen Kinde, das sie sorgfältig in den Mantel wickelt und wiederum ihr gegenüber ein Kindermädchen mit einem noch jüngern Weltbürger, dem jüngsten Sprößling des Komikers. Vorn beim Kutscher klappert bereits vor Frost eine sonderbare Erscheinung in einem grauen Schlafrock, ein Damentuch dicht um den Hals geschlungen und an die Ohren herangezogen, während ein neuer schwarzer Herrenhut dem Ganzen die Krone eines Quoblibets von Anzug aufsetzt. Es ist einer von denen, die noch oft eines freigeistigen Schwindels bedürfen, um nicht mit dem Schöpfer über die Erschaffung der Schweine, zur Nahrung für die Menschheit, zu hadern, ein Verächter aller guten Würste und Speckschwarten, vielleicht sogar der wichtigsten Pergamente und alter Urkunden, wenn sie nicht auf Eselshaut geschrieben sind. —

Der Drang Künstler zu sein, war in diesem alttestamentlichen Individuum so groß gewesen, daß er um einer Monatsgage von acht Thalern willen sein theures Berlin verlassen hatte, das nicht im Stande gewesen war, ihm einen würdigen Wirkungskreis zu bieten und zu der reisenden Schauspielergesellschaft übersiedelte, von der ich erzähle. Schon früher hatte ich ihn bei einer andern derartigen Gesellschaft getroffen, mußte jedoch mit Trauer um die Kunst die er ausübte, bemerken, daß auch noch in Neiße seine Leistungen als Bedienter allgemeine Heiterkeit im Publikum erregten, und gerade da, wo der Dichter gar keine komischen Effekte berechnet hatte.

Er war noch jung und sprach oft und gern davon, er

zähle erst 18 Jahre, woran jedoch zu zweifeln ich mir er=
laubte.

Ich seh' ihn noch immer vor mir; schwarzes krauses
Haar, kleine geschlitzte schwarze Augen, buschige schwarze
Augenbrauen, Nase und Unterlippe bedeutend nach unten
strebend, ein ewiges Lächeln auf den geräumigen Lippen,
Dummpfiffigkeit in den geschlitzten Augen. Das reizende
Portrait wird vollendet werden, wenn ich noch der großen
abstehenden Ohren, der kolossalen Hände und Füße und
der dem gothischen Style sich zuneigenden Bauart seiner
Beine Erwähnung gethan habe.

Wir hatten uns kaum eine Viertelstunde Weges von
Neiße entfernt und waren noch nicht bis Neudorf (ein
Vergnügungsort der Neißer) gelangt, als der achtzehn=
jährige Jüngling, vermuthlich des Wachsthums wegen, in
welchem er sich noch befand, auch schon Hunger verspürte
und aus seinem wohlverwahrten Busen große Stücke Kuchen
hervorzog, von welchen er mir mit echt Berliner gentilezza
die größere Hälfte anbot.

Ich glaube es unterliegt keinem Zweifel, daß ich das
Anerbieten standhaft ausschlug.

In Neudorf erwarteten uns noch einige Neißer Be=
kannte, um den Davonziehenden noch das letzte Lebewohl
zu sagen. Während man uns mit Punsch, Kaffee und
dergleichen regalirte, wurden die Fuhrleute von den weg=
kundigen Personen, die sich dabei befanden, ermahnt, vor=
sichtig zu fahren, da in der letzten Nacht große Windwehen
und Schleudern auf der sehr bergigen Landstraße entstan=
den seien. Sie versprachen es, hielten aber so vortrefflich
Wort, daß der Schlitten vor uns, worin die Soubrette

mit Mann und Kindern saß, eine halbe Stunde später im tiefsten Schnee im Straßengraben lag.

Hei! das war ein Würgen, ein Schreien, ein Jammern und Commandiren! Die Männer vom vordersten Schlitten und vom letzten, worin ich mich befand, eilten dem zweiten, verunglückten zu Hilfe. Die Soubrette schimpfte, wie ich bis dahin nie geglaubt hatte, daß eine Soubrette schimpfen könnte.

Man zog sie am Mantelkragen in die Höhe — der war nachgiebiger, sanfter Natur und zerriß.

Neue Wuth! Neues Geschrei!

Der Mann, ein langer hagerer Blondin, ehemals königlich preußischer Fähndrich und von nobler Familie, lag noch immer auf der Nase und er hatte eine sehr große! und rief beständig:

Rettet nur die Kinder, die Kinder!

Es war aber nichts zu retten, denn die Kinder saßen im tiefen Schnee und vermuthlich weicher als auf den Knieen des zärtlichen Vaters.

Endlich waren sie Alle wieder im Stroh angelangt. Aber nun ging das Schimpfen erst recht los und zwar nicht mit Unrecht darüber, daß uns der Direktor keine Schlittenhalter gegeben hatte.

Freilich! er selbst war nebst Familie schon am Tage vorher mit Extrapost nach Ratibor abgefahren. Wie die Gesellschaft nachkam, das war ihm in seiner Bequemlichkeit gleichgültig!

Endlich ging es weiter. Aber noch ehe wir Neustadt, den Grenzort an der österreichisch=schlesischen Enklave, wo

Mittag gemacht werden sollte, erreichten, befand sich meine Nachbarin, die Frau des Komikers, so übel, als ob sie sich auf stürmisch bewegter See vom "Wellenschwindel", wie die Plattdeutschen sagen, erfaßt fühlte.

Dazu betrug sich des Regisseurs und Komikers schon früher erwähnter gelber Pinscher, sehr ungezogen. Er fand es nämlich sehr angenehm, unsern Schlitten als eine Art Durchgang zu betrachten. Mit ungeheurem Gebell sprang er gewöhnlich zwischen mir und der Frau des Regisseurs hinten zum Schlitten hinaus, rannte einige Zeit um die Pferde herum, raste dann vorn beim Kutscher und Berliner Judenjüngling wieder herein, blieb wenige Augenblicke bei seinem Herrn und dann, wie von Furien gejagt, wiederum hinten zum Schlitten hinaus. Ich bekam das Manoeuvre satt und drang endlich darauf, daß er angebunden wurde und so neben dem Fuhrwerk herlaufen mußte. Doch dauerte die Ruhe nicht lange, denn er heulte so sehr, daß man ihn loszulassen gezwungen war. In Neustadt versammelte sich die ganze Einwohnerschaft auf dem Markte, um unsre Aus= und Einschiffung zu sehen.

Das war unausstehlich und wurde noch unangenehmer, als die Collegen und Colleginnen, da ich mich entschleierte, ein lautes Gelächter ausstießen, weil ich durch den farbelassen= den Schleier ein Gesicht wie eine angehende Mohrin be= kommen hatte.

Nach einem höchst frugalen Mittagsmahle (ich hatte ein Stück harten Gansbraten erhalten) stiegen wir mit unsern Packeten und Hunden und Wärmemitteln wieder in die Schlitten.

Es war ein Gekreisch, wie von Krähen, wenn sie sich

auf einem Kirchthurme niederlassen wollen. Da wir am letzten vorhergehenden Abende in Neiße noch hatten Comödie spielen müssen, war es natürlich, daß Jeder sein Päckchen mit dem Anzug den er dazu gebraucht hatte, bei sich führte, denn der Wagen, der unsere sämmtlichen Effecten nach Ratibor zu bringen bestimmt war, hatte schon den Tag vorher abgehen müssen.

Da war nun ein Suchen, ein Fragen, ob das und jenes da sei, ob nichts verloren sei, da war etwas vergessen worden und mußte in aller Eile gesucht und gebracht werden!

Ein ungeheures Schneegestöber verhinderte von jetzt an das schnellere Vorwärtskommen und erst Abends in der Dämmerung erreichten wir das Städtchen Hotzenplotz in der österreichisch-schlesischen Enklave. Ich war nebst wenigen Andern der Gesellschaft der Meinung, dort zu übernachten, allein die Meisten stimmten für ein Wirthshaus, das dicht an der Grenze lag und wo man um ein Bedeutendes billiger bedient werde.

Ich mußte der Stimmenmehrheit weichen und nachdem wir uns in Hotzenplotz mit gutem Melniker gestärkt hatten, ging es abermals hinaus ins Schneegestöber.

Aber bald mußten die Fuhrleute selbst nicht mehr wo sie waren. Der vorderste Schlitten stand vor einem Schneeberge, der Fuhrmann trieb die Pferde zu einer übergroßen Anstrengung an, aber sie brachen grundlos in den tiefen Schnee.

Seht! hieß es jetzt von Seiten derjenigen, die in Hotzenplotz hatten bleiben wollen, da habt ihrs! geschieht euch recht! Nun sitzen wir hier in Nacht und Schneegestöber fest und ringsum ist kein Haus zu entdecken.

Der Fuhrmann des zweiten Schlittens machte endlich eine kühne Wendung und erreichte festes Terrain. Allein kaum war er so weit und wollte seine Gäule vorwärts treiben, da senkte sich sein Fuhrwerk, das offenbar einen schwachen Charakter hatte, schon wieder auf die linke Seite und ein Zetergeschrei, worunter ich die Stimme der Soubrette als die gellendste bemerkte, verkündete uns den abermaligen unvermeidlichen Sturz der theuren auserlesenen Collegin.

Aber nein! sanft lehnte sich der Schlitten mit allem was er umfaßte an einen ungeheuren Schneeberg und sie kamen mit dem Schrecken davon.

Nun wurde umgelenkt. Die Furchtsamen stiegen bei dieser Operation aus, von der weiter nichts zu sagen ist, als daß zwei Röhre dabei verloren gingen. Ein Pfeifenrohr des Komikers und ein Blaserohr des ältesten Sohnes der Soubrette. Man war später nicht ganz einig, ob diese Rückkehr ins alte Gleis, nicht auch eine Perrücke des Regisseurs als Opfer gefordert hätte. Er pflegte sie aufzusetzen, wenn er aus Noth, herablassende Minister und wohlwollende Crösusse übernehmen mußte. Sie war seitdem verschwunden. Doch der Regisseur und Komiker hatte früher in Haaren gearbeitet, d. h. er war Friseur gewesen und obgleich er für die Länge ein Haar in dieser Beschäftigung mußte gefunden haben, da er sie einst urplötzlich aufgegeben hatte, war er doch noch immer im Stande für seine verschiedenen Kopfbedürfnisse eigenhändig zu sorgen.

Freilich ging einige Zeit darauf ein on dit von Ohr zu Ohr bei der Gesellschaft, daß der Abkömmling Abrahams, Isaaks und Jacobs, der bei der Fuhre im Schlitten dos

à dos mit dem Regisseur gesessen hatte, sich bei unbedeu=
tenden Anmelderollen einer Perrücke bediene, die eher für
einen herablassenden Minister, als für einen untergeord=
neten Lakai oder Jokey passe. Doch der Regisseur war
edel genug die Sache auf sich beruhen zu lassen und sich
mit kunstfertigen Händen eine andere herablassende Per=
rücke zu schaffen.

Schauer erfassen mich, denk ich an dich, einsames Grenz=
wirthshaus am finstern Walde, das uns für die Nacht
aufnahm. So viele gesetzte Helden und Heldenliebhaber,
Heldenväter, Heldinnen und Heldinnenmütter wir bei uns
führten, so erfaßte mich doch herzumschnürendes Bangen,
als ich in den niedern matterleuchteten Raum trat, wo
eine Menge Pascher und anderes ähnliches Gesindel mit
unheimlichen Gesichtern uns entgegenstarrten. Auch war
ich überzeugt, daß die sämmtlichen Helden unserer Gesell=
schaft weniger gut auf Hieb und Stich, als auf Stichworte
einstudirt waren.

Demohngeachtet bestellten sie mit unerkünstelter Heiter=
keit eine Streu in die große Parterrestube, worauf man
ohne Unterschied der Person und des Geschlechts die fol=
gende Nacht alle Mühseligkeiten der Reise verschlafen wollte.
Dagegen opponirte ich; und im Verein mit der zweiten
jugendlichen Liebhaberin, die damals noch an etwas aner=
zogener Decenz laborirte, welche sie späterhin ablegte, be=
stellte ich beim Wirthe ein besonderes Zimmer mit zwei
Betten für uns beide. Die erste Antwort war eine ab=
schlägige. Seine Frau sei heute in die Wochen gekommen
und daher Niemand vorhanden, der unsern Wunsch in
solcher Schnelligkeit erfüllen könne. Das einzige Zimmer=
chen, das oben (es war eine Art Ausbau oder Vorbau)

zu haben sei, wäre in Unordnung und kein Bett über=
zogen. Wir aber drangen in den Mann mit aller uns
zu Gebote stehender Liebenswürdigkeit, die aber nur dann
den gewünschten Erfolg hatte, als wir ihm 15 Silber=
groschen für das kleine Nachtquartier anboten. Trium=
phirend kehrten wir zur übrigen Gesellschaft zurück, die
schon ein Lächeln des Hohn's für unsern gescheiterten Plan
in Bereitschaft hatte, jetzt aber von uns mit einem solchen
begrüßt wurde. In dem kleinen hölzernen Vorbau, der
das obere Zimmerchen bildete, herrschte eine tyrannische
Kälte.

Der Wind peitschte seine drei freien Seiten, die Fenster
starrten von Eis, die kolossalen steifen Betten drohten auch
uns nicht erwärmen zu wollen. Dagegen hatte die vor=
erwähnte Unordnung im windgepeitschten Kämmerchen, etwas
sehr Anziehendes.

Sie bestand nämlich aus vielen umherstehenden Körben
mit großen italienischen Haselnüssen, mit Apfelsinen und
Feigen in Menge.

War das gepaschte Gut? Uns kam es nicht zu
danach zu fragen, doch waren wir erstaunt über die Nied=
rigkeit des Preises, als wir von den süßen Leckereien zu
kaufen verlangten, um nicht durch ihren verlockenden An=
blick zu einer noch größern Sünde, als Paschen ist, ver=
leitet zu werden.

Am andern Morgen wurde sehr zeitig aufgebrochen
und nun ging ich allen Ernstes daran, den Prolog
zu verfertigen, den der Direktor mich ersucht hatte, ihm
für die Eröffnung der Bühne in Ratibor zu dichten.

Am liebsten hätte ich darin von dem eigenthümlichen
Reize, der Poesie im Leben bei wandernden Bühnen ge=

sprochen, wenn sie nämlich nicht auf zu niedriger Stufe stehen. Allein das hätte der Direktor als Schmeichelei aufgenommen und nicht das Publicum, und hier galt es doch, das vielköpfige Ungethüm zu caressiren.

Ich verfertigte also einen faßlich schmeichelhaften Prolog und wickelte mich für die Verhältnisse, glaube ich, eben so gut damit heraus, als einige Stunden später in Ratibor angelangt aus dem Stroh des Schlittens.

Vermischte Aufsätze.

IV.

Eine Jugendliebe Alfieri's.

Es muß gewiß von höchstem Interesse sein, zu beobachten, wie sich die Liebe, diese Umwälzerin in den Staaten des Herzens und Geistes, welche Gewalt sie bisweilen sogar bis auf die politischen ausdehnt, bei großen, begabten Menschen äußert und geäußert hat.

Eine tiefergreifende Schilderung dieser Leidenschaft finden wir in „Alfieri's Leben, von ihm selbst geschrieben." Die Worte, welche er am Schlusse der Erzählung anwendet, mögen und können uns als Einführung dienen, da sie deutlich den Zweck des großen Dichters angeben, die ganze Begebenheit, so bis in die Details zu verfolgen, wie es geschieht. Er sagt:

„Es schien mir, daß ich, indem ich dieses für mich so tiefeingreifende und wichtigste Ereigniß meines Jugendlebens mit Wahrheit und Genauigkeit zergliederte, demjenigen, der mich wahrhaft kennen zu lernen wünscht, auf diese Weise die besten, untrüglichsten Mittel an die Hand gebe."

Wir laſſen alſo, außer einigen nicht weſentlichen Ein=
zelheiten und Längen, deren Aufführung der Raum uns
verbietet, den großen Dichter ſelbſt ſprechen, welcher die
intereſſante Begebenheit, die uns in ſein innerſtes Weſen
einen tiefen Blick thun läßt, in folgender Weiſe mittheilt:

Schon bei meinem erſten Aufenthalte in London hatte
eine ſchöne Frau aus den vornehmſten Zirkeln der Geſell=
ſchaft meine Aufmerkſamkeit erregt. Ihr Bild, das ſich
ſtill, mir faſt ſelbſt unbewußt, in mein Herz eingeſchlichen
hatte, war zum großen Theile Urſache, daß ich England,
ihr Vaterland, ſo reizend, ſo unwiderſtehlich anziehend fand
und in mir den Entſchluß zur Reiſe kommen ließ, es zum
zweitenmale zu beſuchen. Obgleich jene Schönheit ſich mir
eher gütig und ermuthigend, als zurückſtoßend gezeigt hatte,
bewahrte mich doch meine ſtörrige, ſpröde Gemüthsart
lange vor ihren Schlingen. Doch ſollte es ſo bei meiner
Rückkehr nach London nicht bleiben. Ich hatte indeſſen
viel von meiner frühern Zurückhaltung verloren, der Geiſt
der Verfeinerung war durch meine ſchroffe Außenſeite hin=
durchgedrungen und mein Alter, das für die zärtlichen
Gefühle empfänglichſte. So fiel ich denn in die Netze des
ſchelmiſchen Gottes und gab mich dieſer unſeligen Leiden=
ſchaft mit ſolcher Heftigkeit, ja Raſerei dahin, daß ich jetzt,
wo ich dieſes niederſchreibe, angeweht vom erſten Froſte
des neunten Luſtrum's, noch beim Angedenken daran
ſchaudere.

Ich hatte oft Gelegenheit meine Schöne zu ſehen, be=
ſonders im Hauſe des Fürſten Maſſerano, mit deſſen Gattin
ſie auch eine Loge in der italieniſchen Oper zu theilen
pflegte. Sie in ihrem eigenen Hauſe aufzuſuchen, war
unmöglich, weil damals die engliſche Sitte den Damen

verbot, Visiten anzunehmen, am mindesten solche von Frem=
den. Ueberdieß war ihr Gatte einer der eifersüchtigsten,
so sehr nämlich ein Ultramontaner eifersüchtig zu sein im
Stande ist. Doch alle diese kleinen Hindernisse entzündeten
mich nur immer mehr und mehr.

Jeden Morgen mußte ich ihr im Hyde=Park oder auf
einer andern Promenade zu begegnen, Abends in jenen
überfüllten englischen Gesellschaften oder im Theater, was
die Sache immer ernsthafter, immer bedenklicher machen
mußte. Ich kam dahin, obgleich glückselig, da ich geliebt
schien, mich doch höchst unglücklich zu fühlen. Zudem war
voraus zu sehen, daß dieser Umgang nicht lange mit Sicher=
heit würde fortgesetzt werden können. So vergingen, nein,
verflogen die Tage des Winters und der Frühling erschien.
Das Ende des Monats Junius war der äußerste Termin,
wo die Uebersiedlung auf das Land, mir selbst den Anblick
der schönen Engländerin für sieben oder mehr Monate
entziehen sollte. Ich betrachtete daher das Ende dieses
Juni's zugleich als das unzweifelhafte Ende meines Lebens.
Meinem Herzen, meinem kranken Gehirne schwebte nichts
so deutlich vor, als die physische Unmöglichkeit eine solche
Trennung zu überleben.

Durch so traurige Gedanken, zweifelsohne untergehen
zu müssen, wenn ich sie verlassen sollte, war mein Gemüths=
zustand dergestalt verwildert worden, daß ich in dem, was
ich that, alle Klugheit vergaß, und mich benahm wie Einer,
der nichts mehr zu verlieren hat.

Und dazu trug nicht wenig der Charakter meiner Ge=
liebten bei, welche sich ganz und gar nicht auf eine Mittel=
straße verstand, noch jemals ihr Geschmack abzugewinnen
vermochte.

Mit jedem Tage verdoppelten sich meine und ihre Unvorsichtigkeiten, und schon mehremale hatte der Gemahl Winke fallen lassen, er werde nicht länger anstehen, mich seine Unzufriedenheit mit meinem Benehmen fühlen zu lassen. Doch das war es ja eben, was ich am Heißesten wünschte.

Kam er außer Fassung, so konnte für mich entweder Heil oder nur gänzliches Verderben daraus entstehn, und nach einer solchen Entscheidung rang ich. Beinahe fünf Monate lebte ich in dem entsetzlichsten Zustande des Schwankens und der Ungewißheit, bis endlich die Bombe platzte und zwar in folgender Weise.

Schon mehre Male und zu verschiedenen Tageszeiten hatte mich die Geliebte, trotz drohender Gefahr für uns Beide, in ihr Haus eingeführt. Da diese Einschmuggelei stets geglückt war, wurden wir kühn und wagten mehr. Im Mai verließen sie und ihr Gemahl London, um für eine kurze Zeit von acht bis zehn Tagen eine kleine Villa, sechszehn englische Meilen von der Stadt entfernt, zu beziehn und daselbst das Erwachen der Natur zu genießen.

Sogleich bestimmten wir in's Geheim den Tag und die Stunde, wo ich auf der Villa erscheinen und verstohlener Weise eingeführt werden sollte. Eine Revue in London, an welcher der Gemahl, da er Offizier der Garden war, theilzunehmen gezwungen war, begünstigte uns, da er bei dieser Gelegenheit über Nacht in London bleiben mußte. Ich hatte die genaueste Topographie des Orts von meiner Schönen erhalten, ließ mein Pferd in einem, eine englische Meile von der Villa entfernten Wirthshause, legte den übrigen Weg bis zu dem heißersehnten Ziele zu Fuß zurück und glaubte ungesehn in den Park und das Haus gebrungen zu sein, wo meiner der holdseligste Empfang wartete. Doch solche Besuche waren Schwefel auf glühende Kohlen. In der verzweifelten Aussicht auf den nahe bevor= stehenden langen Landaufenthalt, weit entfernt von London, beschlossen wir die wenigen Tage des Beisammenseins, die uns noch vergönnt sein würden, nach Möglichkeit auszu= beuten.

Als ich am Morgen nach London zurückgekehrt war, zitterte und bebte ich, wenn ich bedachte, daß zwei Tage vergehn müßten, ehe ich die Geliebte wiedersehn konnte. Ich zählte die Stunden, die Minuten, ich lebte in einem unaufhörlichen Delirium, von welchem nur derjenige sich einen Begriff machen kann, der sich selbst einmal in dem= selben Zustande befunden. Aber wie wenige mögen ihn in so hohem Grade empfunden haben wie ich!

Ich fand nirgends Ruhe und Frieden, wenn nicht in fortwährender Bewegung. Ich ging und rannte ohne zu wissen wohin. Aber kaum glaubte ich ruhiger geworden zu sein, kaum wollte ich vor Erschöpfung in Schlaf sinken, oder kaum hatte ich mich niedergelassen um Speise und Trank zu mir zu nehmen, so war ich auch schon wieder gezwungen, manchmal sogar mit fürchterlichem Geschrei und Jammern wieder empor zu springen, und, wenn es die Tageszeit nicht gestattete auszugehen, vor Herzensangst wie ein Verrückter in meinem Zimmer umherzurennen und zu toben.

Ich hatte viele Pferde und unter andern ein in Spaa gekauftes, das von seltner Schönheit war. Mit diesem edeln Thiere unternahm ich die verwegensten unsinnigsten Reiterkünste, um selbst die kühnsten Reiter jenes Landes in Schrecken zu jagen. Ich setzte mit ihm über die höch=

sten und steilsten Hecken, über die breitesten Gräben, über alle Barrieren, die mir in den Weg kamen. An einem jener Morgen, die zwischen der letzten und nächsten Reise nach der ersehnten Villa zu verleben waren, ritt ich mit dem Marchese Caraccioli spazieren und wollte ihm zeigen, welche unvergleichlichen Sprünge ich meinem vortrefflichen Thiere zumuthen durfte.

Da bot sich meinem Blicke ein sehr hoher Zaun dar, welcher eine große Wiese von der Landstraße trennte, auf der wir ritten. Dorthin jagte ich en carrière mit meinem muthigen Rosse, aber halb von Sinnen, wie ich es war, vergaß ich ihm die schuldige Hülfe der Hand und der Zügel zur rechten Zeit angedeihen zu lassen, und so geschah es denn, daß es im Sprunge mit den Vorderfüßen den obersten Querbalken des Zaunes berührte und wir beide zusammen wie ein Bündel auf die Wiese dahin geschleudert wurden. Das Pferd erhob sich zuerst, ich gleich nachher, da ich in diesem Augenblicke keine nachtheiligen Folgen des Sturzes fühlte. Doch meine wahnsinnige Liebe hatte auch meinen Muth vervielfältigt und es schien, als bettelte ich um jede Gelegenheit beim tollen Zufalle, mir den Hals zu brechen. Umsonst rief mir der Marchese zu, die Narrheit nicht noch weiter zu treiben und den gewöhnlichen Ausgang aus der Wiese zu suchen, um wieder mit ihm zusammenzutreffen; ich aber, kaum wissend, was ich that, rannte dem Pferde nach, riß es am Zügel herum, da es fliehen zu wollen schien, schwang mich von Neuem in den Sattel und trieb es mit den Sporen geradewegs über die Barriere zurück. Es stellte meine und seine Ehre glänzend wieder her und setzte im Fluge über den Zaun hinweg.

Mein jugendlicher Uebermuth sollte sich indeß nicht

lange dieses Triumphes freuen. Nachdem ich wenige Schritte langsam geritten war und mich an Körper und Geist etwas abzukühlen begann, empfand ich einen heftigen Schmerz in der linken Schulter. Es ergab sich, daß ich mir den Arm ausgefallen und einen Knochen gebrochen hatte, welcher die Schulter mit dem Halse verbindet. Nachdem mich der zu Hülfe gerufene Chirurg eine Zeit lang gemißhandelt, erklärte er die Sache für eingerichtet, legte den Verband an und befahl mir, mich ruhig und im Bette zu verhalten.

Wer die Liebe kennt, begreift meine Wuth, meine Ver= zweiflung. Derselbe Abend des unglückseligen Tages, zum zweiten Rendezvous auf der Villa bestimmt, fand mich an's Krankenlager geschmiedet. Sonnabend hatte sich das Un= glück ereignet, aber schon Sonntag Abend, trotz aller Ge= genrede meines ehemaligen, noch immer bei mir lebenden Erziehers Elias, ließ ich mich von ihm in eine Postchaise transportiren, um darin in rasender Eile meinem Schick= sale entgegen zu fliegen. Ich ließ den Wagen zwei eng= lische Meilen von der Villa entfernt zurück und machte mich zu Fuß auf den Weg, den einen Arm durch den straffen Verband und den Schmerz untauglich für jede Bewegung und Anstrengung gemacht, den andern unter dem Mantel auf dem Degen haltend, welche Maßregel ich für nöthig erachtete, da ich allein durch die Nacht hin= schritt, um in eines Andern Haus, nicht eben als Freund und in edler Absicht einzudringen. Durch die Erschütterung bei'm Fahren hatte sich der Schmerz in meiner Schulter erneuert und verdoppelt, und der Verband war durch die Unruhe, in der ich mich befand, und in welcher ich mich im Wagen her und hinwarf, so in Unordnung gerathen, daß ich zeitlebens das Angedenken an jene Catastrophe in der Schulter, die nie wieder vollständig eingerichtet werden konnte, mit mir herumtragen werde. Demohngeachtet erschien ich mir der glückseligste Mensch, als ich mich dem theuren Gegenstande meiner Liebe näherte. Die kleine Thüre des Parks war wider Gewohnheit und Erwarten verschlossen und ich sah mich genöthigt, nicht ohne große Beschwerlichkeit und Anstrengung, durch den kranken Arm noch mehr gehindert, über den Zaun des Parkes zu klettern. Es gelang mir endlich und begünstigt von den Umständen, die gerade wollten, daß der Gemahl wiederum abwesend war, fand ich sie, die mich erwartete, ganz allein. Glücklich, wie wir waren, dachten wir beide wenig des Zufalles, daß ich die Thüre des Parks verschlossen gefunden hatte, während meine Geliebte doch behauptete, sie wenige Stunden vorher, selbst geöffnet zu haben. Bei anbrechendem Morgen verließ ich die Villa in derselben Weise wie ich gekommen war und in der festen Meinung von Niemand gesehn worden zu sein. Die Raserei meiner Leidenschaft machte mich blind für alle Zufälligkeiten, die mir bei unbefangenem Blicke größere Vorsicht angerathen haben würden. Der tiefe Seelenschmerz, wieder zwei Tage ohne die Geliebte verleben zu müssen, ließ mir den körperlichen gering erscheinen, den ich bei der abermaligen nöthig gewordenen Einrichtung des Armes empfand. Nichts destoweniger begab ich mich Dienstag Abends in die italienische Oper. Als ich in die Loge des Fürsten Masserano und seiner Gemahlin trat, wunderten und freuten sich beide nicht wenig mich zu sehen, da sie mich halb zum Krüppel geworden und krank im Bette liegen meinten.

Ich verhielt mich äußerlich ruhig und schien der Musik ziemliche Aufmerksamkeit zu schenken, welche doch tausend entsetzliche Stürme in meinem Innern erneuerte; aber mein Gesicht war und blieb, wie es gewöhnlich zu sein pflegt, gleich wie von Marmor. Plötzlich glaubte ich indeß vor der geschlossenen Thüre meinen Namen nennen zu hören. Ich sprang, wie von der Tarantel gestochen in die Höhe, öffnete und warf die Thür im Nu wieder hinter mir zu mich draußen dem erzürnten Gemahl meiner Geliebten gegenüber befindend. Als ich ihm so plötzlich und mit solcher Blitzesschnelle jetzt in den Weg trat, waren unserer Worte nur wenige und kurze.

„Da bin ich," rief ich. „Wer sucht mich?"

„Ich," erwiderte er, „ich suche Sie, denn ich habe Ihnen etwas zu sagen."

„Gehen wir hinaus, ich höre Sie!" antwortete ich. Und nichts anderes hinzufügend, verließen wir das Theater. Es war in den langen Tagen des Mai und beinahe Sonnenuntergang, nach italienischer Uhr gegen die dreiundzwanzigste Stunde. Vom Theater des Haymarket zogen wir durch die Gassen bis wo man durch ein Gitterthor in den sogenannten Greenpark tritt. Dort wählten wir einen entlegenen Ort und griffen Beide ohne ein Wort zu sagen nach den Waffen. Unterwegs hatte mir mein Gegner mehreremale vorgeworfen, ich sei heimlich in sein Haus gedrungen und mich über das: Wie? befragt. Aber ich, obgleich ich bei aller meiner Sinnlosigkeit recht gut fühlte, wie gerecht und heilig sein Zorn war, antwortete ihm wiederholt: „Es ist nichts davon wahr, wenn sie es aber bemohngeachtet glauben, bin ich hier, Ihnen in gewohnter Weise Rechenschaft zu geben." Ungeduldig geworden durch mein wiederholtes Läugnen einer Thatsache, von welcher er doch bis auf's Genauste unterrichtet schien, rief er endlich aus: „Wozu wollen Sie es läugnen, da meine Frau es mir selbst gebeichtet und erzählt hat?" Davon wurde ich verwirrt und in meinem unverhohlenen Staunen über dies unerwartete Ereigniß, antwortete ich: (obgleich ich daran Unrecht that und es später bereute) „Wenn sie es gestanden hat, werde ich es auch nicht läugnen."

Aber diese Worte sprach ich aus, weil es mir zu sehr widerstand, dies einem Freunde ins Gesicht zu thun, den ich beleidigt hatte. Als wir Beide die Degen entblößten, gewahrte mein Gegner, daß ich den linken Arm in der Binde trug und hatte die Großmuth mich zu befragen, ob mich das nicht hindern werde, mich zu schlagen. Ich antwortete ihm, indem ich ihm dankte, daß ich deswegen nichts befürchtete und legte mich aus. Ich war niemals ein besonderer Fechter und schlug zu, wie ein Wahnsinniger. So immer hämmernd, ich Streiche austheilend, er sie zurückgebend und die meinigen vortrefflich parirend, erscheint es mir, daß er mich nur deswegen nicht tödtete, weil er es nicht wollte; und ich ihn nicht verletzte, weil ich nicht konnte. Ich war zuerst in großem Nachtheil gewesen, indem ich so stand, daß mich die Strahlen der untergehenden Sonne blendeten, nach und nach hatten wir uns aber im hitzigen Kampfe gedreht und ich war meinem Gegner so gefolgt, daß ich die Sonne zur Seite hatte. Eben wollte ich einen Hauptschlag ausführen, als ich plötzlich fühlte, daß ich am rechten Vorderarm in der Nähe des Ellenbogens verwundet war. Mein Gegner senkte zuerst die Degenspitze, indem er erklärte, daß er befriedigt sei und mich befragte, ob das bei mir auch der Fall sei? Ich antwortete ihm: daß ich nicht der Beleidigte sei und daß also die Sache bei ihm stünde. Darauf entfernte er sich, ohne weiter ein Wort zu sagen, und ich, nachdem ich mir mit Mühe einen nothbürftigen Verband von meinem Taschentuche um den verwundeten Arm mit Hülfe der Zähne und der andern beinahe unfähigen Hand gewunden hatte, kehrte gleichfalls in die Stadt zurück. Beim Lichte der offenen Läden bemerkte ich, daß ich nur wenig geblutet hatte und daß meine Hände nicht davon befleckt waren. Dies brachte mich auf den kindischen Gedanken, da mich mein Weg an dem Theater vorüberführte und die Oper noch in vollem Gange war, wieder in die Loge des Fürsten einzutreten, welche ich eine Stunde früher verlassen hatte. Natürlich befragte man mich, wegen meines plötzlichen Aufbruchs, was denselben veranlaßt und wo ich unterdessen gewesen wäre? Ich erfand einen plausibelen Grund und war zufrieden, daß nichts von dem wahren Sachverhältniß verlautet hatte. Aber so sehr ich mir Gewalt anthat und mich zu beherrschen strebte, mein Gemüth war doch in einer ganz furchtbaren Aufregung, wenn ich bedachte, welches die Folgen einer solchen Affaire sein und welche unberechenbaren Nachtheile für die Geliebte daraus entspringen könnten. Ich verließ also abermals das Theater, und da ich an beiden Armen nicht überwältigende Schmerzen empfand, faßte ich den Entschluß in das Haus einer Schwägerin meiner Geliebten zu eilen, wo ich sie früher bisweilen getroffen hatte.

Das Glück war mir günstig. Der erste Gegenstand, der sich meinen Blicken dort darstellte, war sie selbst. Bei diesem unerwarteten Anblick und innerlich so heftig bewegt vom Tumulte der verschiedensten Affekte, wäre ich beinahe in Ohnmacht gefallen.

Sie erzählte mir mit allem Anscheine der Wahrheit,

ihr Gemahl habe Spione gehabt, die mich bei meinen Besuchen auf der Villa belauscht, und deren Verdacht auf mich durch den Postillon, der mich zur letzten Zusammenkunft in die Nähe des Landhauses gebracht hatte, endlich bestätigt und zur Gewißheit geworden sei.

Aber hier bei der Beschreibung der sonderbarsten Wirkungen einer englischen Eifersucht, sieht sich die italienische Eifersucht gezwungen zu lachen, so sehr sind die Leidenschaften in verschiedenen Charakteren und Climaten und ganz vorzüglich unter verschiedenen Gesetzen verschieden. Jeder italienische Leser erwartet nun Gift, Dolch, Mißhandlungen, oder wenigstens Einkerkerung der strafbaren Gattin und ähnliche Ausbrüche des gerechten Zornes und der Wuth. Der englische Ehemann, obgleich auf seine Art und Weise sehr verliebt in die Gattin, verlor keine Zeit mit Schmähungen, Zank und Drohungen. Er confrontirte die Schuldige mit den Zeugen, welche sie bald von der Unläugbarkeit ihrer Schuld überzeugten, und erklärte ihr, daß er sie nicht mehr als seine Gattin betrachten könne und gehe, um die gesetzliche Scheidung einzuleiten. Zugleich versicherte er ihr, daß er mich, als den Störer seines häuslichen Glückes, nach Verdienst züchtigen werde. Darauf hatte die Unglückliche in ihrer Herzensangst einen Brief der Warnung an mich geschrieben, der jedoch mußte aufgefangen worden sein, denn ich habe ihn nie erhalten.

Ich war trunken vor Glück bei der Nachricht von der bevorstehenden Scheidung. Es war mir unmöglich, einen andern Gedanken zu fassen, als den: daß ich die Geliebte bald rechtmäßig mein nennen und sie in mein schönes Vaterland entführen würde. In dieser Voraussetzung tröstete ich die Verlassene, ohne jedoch den Spiegel meiner Freude in ihren Augen zu finden. Sie weinte und seufzte unaufhörlich, und trotzdem ich in sie drang, mir den Grund ihres sonderbaren, meine Liebe so tief kränkenden Benehmens zu entdecken, konnte ich aus der schmerzlich Bewegten kein Wort hervorbringen.

Sie versicherte mir immer von Neuem und unter tausend Thränen, daß sie mich mehr als Alles liebe, daß sie aber nur zu gewiß wisse, ich würde sie nie Gattin nennen mögen.

Nach abermaligen dringenden Bitten von meiner Seite, fügte sie endlich stockend hinzu: ich würde sie zu tief verachten, wenn ich erführe — daß sie schon — früher geliebt habe.

"Und wen? wen?" schrie ich mit Ungestüm.

"Einen Diener — welcher im Hause meines Gatten angestellt ist," entgegnete sie zögernd und schluchzend, ihr Gesicht in die Hände verbergend.

"Und wann?" rief ich in wahrer Verzweiflung. "Und warum mir das sagen, Grausame? Besser war es mich zu tödten!"

Während ich nun da saß, halb versteinert, unbeweglich, fast von Sinnen kommend, hörte ich mit halbem Ohre, daß dieser mein würdiger Vorgänger, der sich noch immer in demselben Dienste befand, aus einer sehr begreiflichen Eifersucht den Verräther gemacht hatte. Er hatte die Parkthür verschlossen, mein Eintreten und Hinausgehen bequem beobachten können und Alles dem Gemahl hinterbracht.

Mein Schmerz, meine Wuth, die verschiedenen Entschlüsse, die sich an jenem Abende in meinem Gehirne kreuzten, alle trostlos, alle vergeblich, alle finster, die ich jetzt fluchend, seufzend, brüllend entwarf und im nächsten

Augenblicke wieder vernichtete — das brennende Gefühl, inmitten solcher Wuth, solchen Schmerzes, den unwürdigen Gegenstand noch immer zu lieben — alle diese Seelenzustände mit Worten zu schildern, ist ein Ding der Unmöglichkeit, und noch jetzt, zwanzig Jahre später, fühle ich mein Blut kochen, wenn ich jener Katastrophe gedenke.

Ich verließ meine Geliebte an jenem Abende, indem ich ihr sagte, daß sie mich nur zu gut gekannt habe, wenn sie vorausgesetzt, daß ich sie unter solchen Verhältnissen nie zu meiner Gattin erheben würde, und daß ich, hätte ich eine solche Beschimpfung nach unserer Verbindung entdeckt, sie getödtet haben würde und mich nach ihr, wenn ich sie alsdann noch so geliebt hätte, wie in diesem unseligen Augenblicke. Ich fügte hinzu, daß ich sie aber deshalb weniger verachtete, weil sie den Muth und die Rechtschaffenheit bewiesen habe, mir freiwillig Alles zu gestehen und, daß ich sie als Freund nicht verlassen wolle, in welchen verborgenen Winkel Europa's oder Amerika's sie sich auch zurückziehen möge.

Aber ach! auch dieses vermeintliche Verdienst ihrer Aufrichtigkeit zerfiel in Nichts, da ich am andern Morgen die Erzählung des ganzen Scandals, des früheren, so wie des jetzigen, in einem der öffentlichen Blätter mit aller möglichen Genauigkeit erzählt fand.

Da verlor meine Wuth jeden Zügel, jedes Maaß. Ich stürzte zu ihr hin und überhäufte sie mit Schmähungen aller Art. Mit den schrecklichsten, verächtlichsten Namen nannte ich sie und da sie Alles mit der größten Geduld und Resignation hinnahm, that ich mir selbst das größte Leid dabei an, weil ich die Unselige noch immer mit Leidenschaft liebte.

Ja, ich hatte sogar die Schwäche, sie wieder zu sehen, obgleich ich ihr schon für ewig Lebewohl gesagt hatte und begleitete sie endlich selbst bis Rochester, als sie sich nach Frankreich in ein Kloster zurückziehen wollte, um daselbst ihren künftigen Aufenthalt zu nehmen.

Innerlich und äußerlich zerrüttet kehrte ich nach London zurück, wo die ganze Sache öffentlich geworden war und der Scheidungsprozeß unter meinem Namen geführt wurde. Aber das tägliche Wiedersehen der einst so geliebten Orte, die Zeugen meines glücklichen Traumes, welches stets neue Stürme der Verzweiflung in meinem Innern heraufbeschwor, unter denen meine Gesundheit, so wie unter einer immer mehr zunehmenden Melancholie offenbar litt, machte es meinen Freunden leicht, mich zu überreden nach Holland zu gehen, um den so sehr geliebten Freund d'Acunha wiederzusehen, welcher allein im Stande war, mich mir selbst und dem Leben nach und nach zurückzugeben.

Kleinstädtisch.

Als ich am letztvergangenen Osterfeste mich in einer kleinen Stadt der sächsischen Schweiz bei den Meinigen befand, und eines trüben Tages von einem Spaziergange in den nächsten Wald zurückkehrte, rief mir mein Vater mit bedenklicher Miene schon in der Hausthür entgegen:

„Komm schnell herein; es läuft ein toller Hund herum; der Amtsverweser hat ihn gesehen und Dein Bruder auch."

Der Amtsverweser stand auch jetzt noch, wie ich nun erst bemerkte, am Zaune seines sehr erhöht liegenden Gar=

tens und blickte unverwandt die Straße hinab. Alsbald entspann sich zwischen ihm und dem zunächstwohnenden Fleischermeister folgendes Gespräch. Der Fleischermeister sah zu seinem Parterrefensterchen heraus und rief:

„Was meinen Sie, Herr Amtsverweser, ob er wirklich toll war?"

Der Amtsverweser blieb unverändert in seiner Stellung und sagte kurz:

„Ob er toll war! Er hatte ja den Schwanz ganz eingezogen. Schöne Polizei in dem Neste! das Amt muß sich noch um die tollen Hunde bekümmern."

„Warum haben Sie ihn denn nicht geschossen, Herr Amtsverweser, da Sie sahen, daß er toll war und da Sie ein so vortrefflicher Schütze und anerkannter Jagdliebhaber sind?" — mischte sich jetzt mein Vater vom Fenster seines Studirzimmers aus in das Gespräch.

Warum hat ihn denn Ihr Herr Sohn nicht geschossen, werther Herr Nachbar, der bei der Artillerie war? entgegnete jener. An meiner Flinte ist das Schloß entzwei."

„Ich denke, er war am Ende nicht richtig toll!" begann der Fleischermeister in seiner skeptischen Laune wieder.

„Nicht toll, nicht richtig toll! ereiferte sich der Amtsverweser. Würde ich mich hier in die Kälte herstellen und Beobachtungen über einen gesunden Hund anstellen? Lieber Nachbar, Sie glauben nicht eher, daß der Hund toll war, als bis er Sie am Beine hat."

„Es kann nicht viel Unglück passiren, begütigte der Fleischer, das Wetter ist so schlecht, daß Niemand sehr aus dem Hause geht. Seit dem tollen Hunde ist keine menschliche Seele die Straße herabgekommen. Ich hätte jeden gewarnt, der sich gezeigt hätte."

Lachend über den guten Witz, den der Fleischer ganz unbewußt gemacht hatte, zog sich mein Vater in sein Zimmer zurück, indem er dem Amtsverweser zurief:

"Herr Nachbar, ich empfehle mich, es fängt an zu regnen."

"Ja und tüchtig, antwortete dieser. Lassen wir das Vieh laufen; es ist ja nicht meine Sache, mich um die tollen Hunde zu scheeren. Elende Polizei in dem Neste! wenn nur ein Unglück passirt!"

So murmelnd verließ der Amtsverweser im völligen Regen seinen Beobachtungsposten, nachdem er meinem Vater einen Gruß zugewinkt hatte.

Es ereignete sich nichts den Tag über. Das Wetter blieb rauh und die Straße mithin höchst einsam. Noch einigemale wurde der tolle Hund und die schlechte Ortspolizei in unsere Gespräche aufgenommen, noch einigemale zeigte sich der Amtsverweser am Zaune und blickte prüfend die Straße auf- und abwärts, dann rollte das Leben im gewohnten ruhigen Gleise weiter und der tolle Hund war wie ein flüchtiges Meteor am kleinen Ereignißhimmel der kleinen Stadt verschwunden.

Der nächste Vormittag, der des zweiten Osterfeiertages, diente gleichfalls nur dazu die Gemüther wieder völlig zu beruhigen, aber am Nachmittage, als das unfreundliche Wetter uns nicht zum Spazierengehen, sondern zum Schlafen eingeladen hatte, ertönte plötzlich ganz in der Nähe ein Schuß und rief uns von den eingenommenen Canape's, Stühlen und Betten an die Fenster. Da erschollen auch schon Zurufe und Gratulationen aus den Nachbarhäusern. Der Amtsverweser stand mit vergnügter Miene am Gartenzaune und lobte den Schützen; der Fleischermeister nebst

Frau und Kindern stand vor seiner Hausthür und sah lächelnd die Straße hinab —

Der tolle Hund war gefallen!

Aber wer war der Schütze? Der Jägerbursche aus der Oberförsterei, die mit dem Garten unmittelbar an den des Amtsverwesers stößt.

Noch stand er triumphirend da, die Büchse in der Hand, aus der der Meisterschuß gekommen war. Die Gratulationen galten ihm, denn wie mein Bruder und andere glaubwürdige Individuen versicherten, hatte er den tollen Hund im vollen Laufe, wie er dahergekommen, erlegt und so gut getroffen, daß selbiger auch sogleich zusammengebrochen war und sich nicht mehr gerührt hatte.

Unten am Abhange des Berges mitten auf der Straße lag der Cadaver und ich erblickte in dem Vielbesprochenen einen Hund wie andere mehr, gelb und weiß gefleckt, mittelgroß, langhaarig. Jetzt jedoch entspann sich eine neue Disputation. Der Oberförster befahl seinem Burschen, den Hund nicht anzurühren und den Caviller zu rufen, dessen Sache es sei, den Leichnam an sich zu nehmen und die Straße von dem Blute zu reinigen, das der Hund vergossen und durch welches andere Hunde, wenn sie damit in Berührung kämen, gleichfalls toll werden könnten. Und dann — wenn nun ein Wagen kam — das Thier mußte ja unbedingt gerädert werden, da es mitten auf der Straße lag! Alsdann verbreitete sich das böse Blut weiter!

Oder wenn nun ein kühner Wagenlenker, um den Hund nicht zu überfahren, ihn anfaßte und höchst eigenhändig beseitigte und auf diese Weise, da er nicht gewußt hatte, er sei im Leben toll gewesen, nun selbst (d. h. der Wagenlenker, nicht der Hund) toll wurde!

Man sieht die höchste Eile war nöthig.

Bald kam der Jägerbursche mit der Nachricht zurück: der Caviller sei über Land gegangen, seine Frau wolle aber ihre Schwägerin beordern, daß sie ginge und den todten Hund hole.

Vor der Hand blieb also der Hund noch liegen. Diese Verhandlungen wurden alle öffentlich und mündlich gepflogen, denn die ganze Straße nebst Bewohnern nahm Theil an dem Schicksal des Verschiedenen.

Wir hatten uns kaum einmal von den Fenstern zurückgezogen, so ertönte laute Rede und Gegenrede und rief uns wieder zum Theater, wo allen Ernstes um Tollsein und Nichttollsein gespielt wurde. Der Stadtdiener, das Factotum der löblichen Stadtpolizei, war angekommen und nahm den Leichnam aus gehöriger, gesundheitsrücksichtlicher Entfernung in Augenschein, während der Oberförster vom Fenster seines Wohnzimmers aus, ihm eine populäre Rede über die ausgezeichneten Einrichtungen hielt, deren die Stadt sich in polizeilicher Hinsicht zu erfreuen habe. Der Amtsverweser war jetzt vom Schauplatze zu entfernt, um den Oberförster mit einigen kräftigen Worten unterstützen zu können. Der Stadtdiener, nachdem er sich genugsam entschuldigt hatte, ging, um den Bürgermeister von dem Vorfalle in Kenntniß zu setzen. Es begann heftig zu regnen. Und der todte Hund blieb noch immer liegen.

Endlich erschien die Schwester des Cavillers hochaufgeschürzt, in einem, für das Todtenamt höchst passenden Costüme. Einen Korb mit etwas Stroh trug sie auf dem Rücken, eine Harke in ihrer markigen Rechten. Als sie sich der blutigen Arena näherte, erhob der Oberförster vom Fenster aus von neuem seine Stimme:

„Sie will wohl den Hund auf dem Rücken nach Hause tragen?"

„Nun, im Korbe", entgegnete die Frau.

„Sie ist wohl nicht gescheidt! begann der Oberförster heftiger. Das Blut von einem tollen Hunde ist giftig sie kann sich damit vergiften."

Die Frau bekam einen gelinden Schreck. „Geh' sie nach Hause und hole sie einen Schubkarren und viel Stroh, fuhr der Oberförster fort — da packe sie ihn mit der Harke vorsichtig hinein und reinige dann die Straße von dem Blute."

Die Frau fing an zu raisonniren, sie blickte zum Him=
mel, der regnete ohn' Aufhören. Sie hatte einen weiten Weg zu machen, denn das Haus des Cavillers lag an dem einen Ende der Stadt und der Hund am andern. Sie warf die Harke hin und ging, um den Schubkarren zu holen.

Der todte Hund blieb abermals liegen. Nach einer halben Stunde kam die Todtengräberin mit dem verhäng=
nißvollen Karren angerasselt. Ihre hölzernen Pantoffeln klappten und das Rad am Karren quiekte eine eigenthüm=
liche Leichenmusik. Alles drängte sich nun an die Fenster. Der Oberförster dirigirte die Operation von seinem Stu=
benfenster aus.

Geschickt erfaßte das Klageweib vermittelst der Harke den Cadaver in der Mitte und hob ihn in den Karren, dann wieder Stroh darauf und endlich unter Pantoffel=
klappern und Räderquieken dahin, wo auch die tollen Hunde Ruhe finden: unter die Erde. —

Seit dem Verscheiden dieses tollen Hundes und seiner Fortschaffung waren drei Stunden und darüber verflossen.

Natürlich! denn die höchste Eile war nöthig! Das schlechte Wetter begünstigte die Einsamkeit der Straße; auch hätten wohl schwerlich so viele aufmerksame und am Feiertage feiernde Augen, die alle auf den Hund gerichtet waren, weil sie nichts Besseres zu sehen hatten, einen einzigen Menschen oder wohl gar ein Fuhrwerk passiren lassen, ohne die gefährdeten Personen von dem Ereigniß, das bereits eine halbe Stadt interessirte, in Kenntniß zu setzen. Die wenigen Menschen, welche in dieser Zeit des Weges kamen, wählten anstatt der Landstraße den kürzern Fußsteig und bekamen auf diese Weise den Hund kaum zu sehen. — Als endlich der Stadtdiener wieder kam und die Nachricht bringen wollte: der Herr Bürgermeister sei auf dem Schießhause und könne nicht wegen jedem tollen Hunde nach Hause laufen, fand er alle Fenster geschlossen, den Leichnam verschwunden und hatte nur noch Gelegenheit, die höchsteigenen Worte des Herrn Bürgermeisters der vorübergehenden Magd des Oberförsters deutlichst zuzurufen, damit sie hoffentlich ihren Herrn davon in Kenntniß setze.

Ländlich, sittlich!

Ich fahre im Geiste zur Stadt Oldenburg hinaus; ich wähle die holländische Straße und befinde mich auch in der nämlichen heitern Gesellschaft, die mich bei der zu erzählenden Herbstpartie umgab. Es ist aber eigentlich jetzt nicht mehr so; ich muß ein paar Jahre, die sehr ernsthafte Gesichter machen wollen, beim Schopfe nehmen, mir

aus dem Erinnerungswege schleudern und den spießbürger=
lichen Gesellen zurufen:

„Denkt ihr Philister, weil ihr mir mehr Ruhe gebracht
habt, ihr seid mir lieber, als die Jahre, die mich in äußer=
licher und innerer Unruhe und Flucht herumwarfen? Nein,
o nein! Geht, geht, ihr seht mir aus wie Schlafmützen —
geht, ich will noch einmal im Geiste auf der Tenne von —
ah! da hab' ich den Namen vergessen! — thut nichts, —
auf der Tenne in jenem Gasthofe bei Oldenburg tanzen,
wo man zwischen Ochsen und Kühen herumspringt.

Und die ernsthaften, anständigen Jahre nehmen, wie
wir Frauenzimmer alle, wenn uns ein Gewitter mit ob=
ligatem Regen im Freien erwischt, ihre Kleider säuberlich
zusammen und trippeln vor meinen Blitze sprühenden
Blicken ängstlich bei Seite.

Nun hab' ich freie Aussicht auf die Vergangenheit.

An der erwähnten holländischen Straße, die an vielen
Torfmooren, wenigen bebauten Feldern und einem Blut=
egelteiche vorüberführt, liegt unweit Oldenburg ein kleines
Dorf, dessen Name mir entfallen ist.

Der dortige Gasthof ist oder war wenigstens noch vor
einigen Jahren ein beliebter Sonntagsvergnügungsort der
Oldenburger. Meine freundlichen Wirthsleute hatten den
guten Vorsatz gefaßt, mir, der in ihrem damaligen Be=
stimmungsorte noch Fremden, das „Ländlich, sittlich!" der
neuen Heimat ein wenig vorzuführen.

Sie bestellten im Verein mit einem Leipziger und einem
Kaufmanne aus Schwaben, die beide das nämliche Hôtel
wie ich bewohnten, einen viersitzigen Wagen; da packten
wir uns alle hinein und so ging's an einem heitern Sonntag=
nachmittag hinaus in die frische Herbstluft.

Der gewandte Leipziger mußte viel und gut zu erzäh=
len, scherzte bald mit der angenehmen, lachlustigen Wirthin
unsers Hôtels, bald mit dem in seinem Phlegma und durch
seine Mundart komischen Schwaben. Letzterer, etwas dick
und der Ruhe und Bequemlichkeit sehr zugethan, befand
sich nämlich sehr unbehaglich auf dem schmalen Rücksitz des
Wagens, den er noch dazu mit unserm Wirthe und dem
Leipziger Perpetuum mobile theilen mußte.

Er rief einmal über das andere, indem er es sich be=
quemer zu machen suchte:

„Das ischt, als ob mer Fisch wär'n in en'm Faß!"

In der Stille beehrte ich ihn mit dem Namen eines
der wohlschmeckendsten, wenn auch schwer verdaulichen Grä=
tenfische, dem des Wels.

Endlich erreichten wir das Ziel unseres Ausfluges.
Schon von weitem hatte ich mehrere Equipagen vor dem
Gasthof haltend, erblickt, was mich auf gute Gesellschaft
schließen ließ. Jetzt stiegen wir aus und mein Fuß drang
tief in den weichen, nachgiebigen Boden, der anstatt des
zu vermuthenden Pflasters den geräumigen Vorplatz bildete,
auf dem die Equipagen hielten.

Aber noch immer erblickte ich den Gasthof, den Ver=
gnügungsort nicht. Ich glaubte, einige Bäume hätten mir
bisher den Blick auf das Gebäude entzogen und stand und
sah mich um. Ein scheunenartiges Bauwerk mit riesigem,
offenen Thore, durch welches man auf eine sehr große
Tenne und das zu beiden Seiten liegende Rindvieh sah,
welche Einrichtung dort in allen Bauernhöfen zu finden ist,
stand allerdings vor mir, aber das konnte doch nicht der
Vergnügungsort, die Restauration, der Tummelplatz sonn=

täglicher Menschenfreude sein, noch dazu für die gebildetere Classe, die sich hier versammeln sollte.

Noch stand ich und sann und bereitete mich etwas verdrießlich auf eine bedeutende Fußpartie vor, da in meinen Gedanken der Vergnügungsort noch weit ab von der Fahrstraße lag, als Madame W., meine freundliche Wirthin und Freudenspenderin, dicht hinter mir ein helles Gelächter aufschlug.

Bald stimmte die übrige Gesellschaft ein. Alle hatten sich gefreut, daß ihr Plan so gut gelungen und die Ueberraschung bei mir so vollständig ausgefallen war. „Vorwärts, vorwärts!" rief Madame W., „wir sind da. Wenn Sie nicht den Muth haben, durch das Vieh hindurch zu gehen, so kommen Sie und folgen Sie mir auf diesem Wege um das Haus herum; wir erreichen so ebenfalls den Garten."

„Durch die schwarze, tiefe Erde?" erwiederte ich, — „nein, lieber durch das Vieh mitten durch. Vielleicht kann der unfreiwillige Schlag eines Kuhschwanzes, wenn er mich berührt, zum Zauberschlage für mich werden, durch welchen ich plötzlich begreifen lerne, daß es sich hier wirklich um menschliches Vergnügen im neunzehnten Jahrhundert handelt."

Wir hatten die Mitte glücklich erreicht, als dicht vor meiner Nase ein Tau aus unbekannter Höhe herabgelassen wurde und mich unwillkürlich zwang, einen Schreckensschrei auszustoßen. „Was ist denn schon wieder?" rief Madame W. lachend, die ein wenig voraus war und nichts von dem Vorgange gesehen hatte, der mich erschreckte.

„Nichts," antwortete ich; „ein Ausruf des Entzückens über die gesunde Atmosphäre, in der ich mich befinde."

Ich hatte indessen entdeckt, daß in der Decke eine Oeff=

nung war, aus welcher man etwas herabzulassen gesonnen schien oder etwas hinaufziehen wollte.

An die Tenne grenzten, wie üblich, die Wohnzimmer und die Küche; bei diesen Räumen vorbei gelangten wir endlich durch eine kleine Thür in den Garten.

Töne einer schlecht gehandhabten Baßgeige, einer fast noch miserabler gespielten Violine, Flöte und Clarinette drangen uns entgegen. Zuweilen stieß einer in ein Horn, daß es mir war, als ertönte die Posaune des jüngsten Gerichts.

„Was ist das?" rief ich. „Eine Katzenmusik — (man war im Zeitalter der häufigen und gern ausgebrachten Katzenmusiken) — oder ein Concert?"

„Es wird wohl Concert sein," entgegnete die Führerin und öffnete die Thür zum Garten.

Dicht vor dieser auf einem kleinen Halbrundtheil, wo man wieder im tiefen Sande oder Erdkrume waten mußte, saßen auf elenden Holzbänken vor eben solchen Tischen, die ohrenzerreißenden Concertanten in höchst anspruchsloser ländlicher Toilette.

Herren und Damen in ziemlicher Anzahl bewegten sich einen sehr langen, staubigen Gang auf und nieder, an dessen anderm Ende sich wieder eine Art Rundtheil mit Bänken und Tischen befand. Von dort aus konnte man ein noch wilderes Gartenviertel betreten, das aus Bäumen und Büschen bestand, von schlechten, grasbewachsenen Pfaden durchschnitten und von so unwirthlichem, düsterm Aussehen, daß ich gar keine Lust verspürte, mich in seinem Schatten zu verlieren, sondern es lieber noch mit dem unangenehmen staubigen Gange und Rundtheilen hielt.

Dort schlenderten wir nun auf und ab wie die Andern

die ebenfalls in guten und geschmackvollen Toiletten waren, und uns, wohl vorzugsweise mich, die neue Schauspielerin, sehr besahen.

Ich weiß nicht, ob die Leute sich amüsirten, ich wenigstens habe nichts davon bemerkt; sie gingen ziemlich still hin und her, besahen sich, aßen, tranken viel Wein, lauschten mehr auf die Musik, als ich für nöthig und rathsam fand, sahen zu den Pflaumenbäumen empor, die den langen Gang und die Rundtheile mit ihren dürftigen Gestalten zierten und auf denen nur sehr wenige rothe Pfläumlein hingen, betrachteten auch wohl die Beete zu beiden Seiten der eintönigen Promenade, wo wenig oder keine Blumen, aber desto mehr Kohl zu finden war, und schlossen, sowie ich glaube, den Cyclus ihrer vielbeschäftigten Blicke mit dem dankbarsten zum Himmel (der schon wieder grau und regenversprechend geworden war), ich sage mit dem dankbarsten Blick zum grauen Himmel, daß er ihnen einen so reizenden Vergnügungsort beschert habe.

Man sagte mir, daß in dem mit dem Garten verbundenen unwirthsamen Dickicht auch bisweilen Nachtigallen schlügen, wenn nur nicht gerade Herbst wäre! Man sagte mir ferner, daß sogar ein vornehmer General mit seinen beiden Töchtern da sei und unser Vergnügen theile, aber sie seien eben im Begriff abzufahren. Kurz, ich wurde auf alles Merkwürdige des Orts aufmerksam gemacht, und an meinen Gastfreunden lag die Schuld nicht, wenn ich mich nicht amüsirte.

Im Ganzen machte mir aber die Sache ihrer Originalität wegen viel Spaß. Ich wollte mich endlich sogar bemühen, wie die Oldenburger zu denken, und redete so in mir selbst:

Guter, alter, grauer Himmel! Du bist doch ein lieber Himmel, weil du jeden Theil der Erde, über der du blauest oder grauest, wie die Dichter bisweilen sagen, mit Reizen bedacht hast; diesen Theil aber besonders, lieber Himmel, weil du ihm deine schöne blanke Sonnenlampe so wenig und so selten zeigst, daß er sie eher für die karge Laterne eines Nachtwächters halten lernt, und daß die armen Pfläumlein dort auf den bemoosten Bäumen, die den dummen Einfall haben, dermaleinst süß werden zu wollen, nie dazu kommen können, das spannende rothe Röckchen aus- und das faltige dunkelbestäubte dafür anzuziehen, ja daß nur allein der Kohl, der Spleen erzeugende Kohl, im Stande ist, üppig wuchernd und gedeihend, duftende Opfer zu dir, lieber grauer Himmel, emporzusenden.

Jetzt aber begann erst das rechte Vergnügen. Es hatte angefangen zu regnen und war ganz finster geworden. Da verfügte sich die Capelle schleunig auf die Tenne, alle anwesenden Gäste, Vornehme und Geringe, gingen mit.

Was erblickten meine Augen? Holdselige Ueberraschung! Das zu beiden Seiten lagernde, wiederkäuende, brüllende, kurz, sich ganz natürlich geberdende Vieh war hinter grünen Büschen, womit man den Ballsaal eingezäunt hatte, verschwunden und somit dem schönheitverlangenden Auge die übelste Passage der stallartigen Umgebung zartfühlend entrückt worden. Es blieb nur noch der Duft, doch wie gesund ist der! Wie doppelt heilsam muß das Einathmen dieser Luft für Tanzende sein, denn nun wurde getanzt. O sicher, es war ein gefünderes Vergnügen, als ein ähnliches in unsern reizenden Ballsälen bei Gas und Staub und Obeurs.

Ja, nun wurde getanzt und ich tanzte wacker mit. Die

Geringeren tanzten mit ihres Gleichen, die Vornehmeren auch, Bekannte mit Bekannten. Man versicherte tröstend, das Vieh sei erst noch recht fest angebunden worden, woraus ich schloß, daß es hin und wieder vorgekommen sein mußte, daß ein Ochse oder eine Kuh, ohne durch die Ochsenmenuett von Haydn dazu veranlaßt worden zu sein, mitgetanzt habe. An jenem Abende verhielt sich die thierische Umgebung besser, als wohl oft die Menschen bei derartigen Tanzvergnügen sich zu verhalten pflegen.

Wenige Lichter genügten der Musik sowohl als auch den Tanzenden, sich gegenseitig nicht über den Haufen zu rennen. Der Takt war mangelhaft. Wie manche Note hätte aber auch dem geübtesten Musiker selbst, bei solcher Beleuchtung und solchen Rippenstößen von Seiten der Tanzenden entwischen können! Auch mochte es wohl vorkommen, daß der Contrabaß, der ohnehin nicht fest war und der doch den Grundton angibt, bisweilen durch den tiefen, sonoren, lang gehaltenen Ton eines brummenden Ochsen beirrt wurde, der seine innere Zufriedenheit zu erkennen geben wollte und den man recht gut für einen ausgezeichneten Contrabassisten halten konnte.

Wahrlich! im Ganzen verhielt sich das Vieh auf dem Balle sehr gut. Ländlich, sittlich!

Am See.

Dieselbe Gesellschaft machte in den nächsten Tagen noch einen Ausflug nach Zwischenahn am bekannten Zwischenahner See, nnd ich schloß mich ihr abermals an.

Es war schon spät am Nachmittage, als wir ankamen, und darum trafen wir sogleich Anstalt, den See zu befahren und das gegenüber von Zwischenahn liegende „Drei Bergen" zu besuchen.

Der See gewährte einen reizenden Anblick. Ein Kranz von theilweise schon bunt gefärbtem Laubholze umgab seine weit ausgedehnten Ufer; das Kirchlein von Zwischenahn spiegelte sich in seiner blauen Flut; kein Mensch war im weiten Umkreis zu erblicken, als ein greiser Bettler, der sich dort am Strande gelagert hatte, wo die Kirche stand. Und nun der See so blau, daß mir unwillkürlich jener des hohen Nordens einfiel, den man das „Auge von Dalekarlien" zu nennen pflegt.

Wir bedurften länger als einer Viertelstunde, um das jenseitige Ufer zu erreichen. Das Dunkel überraschte uns, als wir auf den drei Hügeln herumkletterten, die man dort Berge zu nennen beliebt, und die von kolossalen Buchen und Eichen dicht beschattet werden. Ruhebänke sind angebracht, und von dem höchsten der drei kleinen Hügel genießt man die volle Aussicht auf den See.

Auf der Rückfahrt sahen wir an allen Ufern Nebelgruppen sich gigantisch erheben und Wasser und Himmel in kurzer Zeit in eine Unendlichkeit verschmelzen. Man konnte sich einbilden, man sei auf dem Weltmeere, und als endlich der Mond glänzend über der zaubervollen Fläche aufging, erklärte der Schiffer, er danke Gott dafür, denn er wisse schon lange nicht mehr, wo er sei.

Der Mond stand gerade über der Kirche und zeigte uns ihre über die Nebel emporragende kleine Thurmspitze. Als wir uns dem Ufer näherten, unterschied ich auch noch einen schwarzen Punkt zu Füßen des Gotteshauses, es war der Bettler.

Ich erkundigte mich näher nach ihm und erfuhr von Madame W., daß er bis zur schlechten Jahreszeit Tag und Nacht dort sitze und seinen Sohn betraure. Jede Gabe, die man ihm reiche, nehme er dankbar an und erzähle einem dafür die traurige Geschichte seines Sohnes. Ich fragte: „Und die ist?"

Madame W. kannte sie aber nicht, und so beschloß ich, sie von dem Bettler selbst zu hören.

„Sie verstehen ihn nicht," entgegnete meine Wirthin, „er spricht plattdeutsch."

Ich bat sie, mitzugehen und mir die Erzählung zu über= setzen. Sie entschloß sich zuletzt dazu, obgleich die Uebrigen der Gesellschaft uns auslachten.

„Nur geben Sie ihm kein Geld," flüsterte Madame W. mir zu, „er wirft es, sobald Sie weg sind, in den See."

„So ist er also nicht bei Verstande?" fragte ich.

„Ach nein, er ist ein alter Thor. Was er braucht, sollen ihm seine Verwandten im Dorfe geben, habe ich sagen hören, und weil er das Geld also nicht braucht und es doch Niemanden sonst gönnt, wirft er es ins Wasser."

Ich glaubte das nicht, weil ich schon weiß, daß Welt= menschen, die selten dazu kommen, Gemüthsleiden kennen zu lernen, wohl auch selten die Fähigkeit besitzen, einen tiefen Schmerz wie einen lieben Gast in der Brust zu hegen, alle Aeußerungen solchen Schmerzes nach ihrer ober= flächlichen Weise deuten.

Zwei elegante Damen (ich kann mich und Madame W. so nennen) saßen alsbald in Nebelschleier gehüllt auf einer Holzbank vor dem Greise, der indessen in ein altes Boot gestiegen war, das am Strande lag und nicht mehr gebraucht wurde.

Als wir uns näherten, begann er sogleich unaufgefordert:

„Da drunten im See, da liegt mein Sohn, mein einziger. Mete, sprach er eines Tages zu seinem lieben Mädel, das er so sehr liebte, Mete, wir dürfen uns nicht mehr lieben, denn es kann aus der Heirath doch nichts werden. Du siehst, ich arbeite, ich arbeite schon so manches Jahr, um Dich nehmen zu können, und es gelingt nichts. Ich geh' eher rückwärts, als vorwärts, es wird nichts und ich mag Dich nicht arm und unglücklich machen. Nimm einen Reichen und laß mich laufen.

Da weinte die Mete sehr und bat ihn und schwur, es sei ihr ja genug, was er verdiene, wenn sie ihn nur habe; sie lief ihm nach und war doch eine ehrbare Dirne jederzeit gewesen. Er aber hatte sich's geschworen, gelobt, er wolle die Mete lassen und nicht unglücklich machen durch seine Armuth. Und ging ihr aus dem Wege und sah sie nicht mehr an und sagte nur immer: Laßt mich mein Unglück, meine Armuth allein tragen. Und so hielt er's. Endlich war er wie stumpfsinnig geworden. Alles war ihm gleichgültig. Da sagten sie ihm, dort unten im See wohne eine schöne Frau, die helfe unglücklich Liebenden, wenn sie selbst kämen und sie um Schätze bäten. Sie dürften aber nur ein bischen tauchen, da könnten sie das Glück schon greifen. Das ging dem Armen im Kopfe herum Tag und Nacht. Immer dacht' er an die Seefrau und ihre Schätze und konnte nichts anderes mehr denken, denn im Hintergrunde seines Herzens mochte doch noch immer ein wenig Liebe für Mete schlummern, die aufwachen konnte, wenn er sie besitzen durfte. Da er aber nach seinem Gewissen die Mete nicht besitzen durfte, so lange er so arm und unbedeutend blieb, wie er war, faßte er sich eines Abends ein Herze und sprang in den See zur Wasserfrau, um die Schätze zu holen, wie sie ihm gesagt hatten. Da hörte man es wimmern, aber die Nebel stiegen auf wie jetzt und hüllten Alles in ein Leichentuch, und die Fischer, die da fischten, brachten eine Leiche heraus. Es flüsterten auch Etliche, ein reicher Mann, der die Mete liebe, habe ihn hineingestoßen, weil sie vom ersten Geliebten nicht lassen wollte, so lange er lebte, wenn er sie auch nicht mehr ansah. Ich glaub' es aber nicht, denn die Menschen sind hienieden elend genug, als daß sie auch noch so schlecht sein sollten. Das Geld werf' ich der Wasserfrau in den See, meine Herrschaften, damit sie reich bleibt und immer wieder unglücklich Liebenden helfen kann, wenn auch" —

„Wenn auch?" wiederholte ich, da er stockte.

„Wenn auch vom Leben," schloß der Alte.

Ich wollte noch etwas von der Mete wissen, aber der Greis sprach nicht mehr und schüttelte nur mit dem Kopfe. Die Erinnerung daran schien ihm nicht lieb zu sein.

Ich aber, von der Poesie des Orts und dem tiefen melancholischen Reize der einfachen Erzählung erfaßt, nahm ein Geldstück, trat auf die Bank, schleuderte es weit in die See hinaus und rief:

„Damit Du allen unglücklich Liebenden hilfst, schöne Wasserfrau!"

Das Bild, das uns bei der Rückkehr in den Gasthof, der gleichfalls am See lag, überraschte, war mit der Erzählung, die noch in meinen Ohren summte, übereinstimmend.

Um die nie hellodernde, nur still hinbrütende Glut

eines großartigen Torffeuers, das gleich vorn, unweit der Hausthür oder des Hausthores auf der Tenne brannte, saßen in einem dichten Kreise 7 bis 9 düstere Männergestalten auf kleinen Schemeln, Tonnen, Kisten oder sonstigen Hausgeräthschaften. Von der Decke herab hing an einer Kette und brodelte unverdrossen, gleich einer Alten, die ihr Liedchen zum Spinnrade summt, der unvermeidliche Kupferkessel über dem Torffeuer. Eine langsame Magd schenkte den Männern heißes Bier aus dem Kessel und füllte ihn dann von Neuem.

Die Männer saßen so wortkarg, fast stumm um den brodelnden Kessel, und rauchten so andächtig und ernsthaft aus ihren kleinen holländischen Pfeifen, daß ich mir beim Anblick dieser nachdenklichen Gesellschaft, die durch unser Eintreten nicht im Mindesten bewogen wurde, die eingenommenen Stellungen zu verändern, recht gut einbilden konnte, auch sie habe die Erzählung vom See her vernommen und sinne ihr nach.

Oder, dacht' ich, verstehen die lauschenden Gesellen die Sprache des murmelnden Kobolds da über dem Feuer? Weiß er die Sagen, die Mährchen des Sees, und wissen sie, die aufmerksamen Hörer, seine eintönigen, sich wiederholenden Laute zu deuten?

Er summte und sang immer fort, und als einer der Gäste einmal mit einem eisernen Stabe in das Torffeuer stieß und dieses entrüstet über den Ruhestörer einige Flammen des Zorns aus den glimmenden Schollen emporschickte, da schien der Kobold gleichfalls so ergriffen davon und so erzürnt, daß er sofort in höhern Tönen und weit lauter und kreischender zu singen begann.

Auch ich hätt' ihm noch länger lauschen mögen, denn ich dachte mir allerhand bei der Musik, die er machte.

Aber meine Gesellschaft, die das obere Stockwerk eingenommen hatte, durch welches sich dieser Gasthof vor andern auszeichnete, ließ mir nicht Zeit dazu. Alsbald ertönten mir Zurufe von oben herab, und wenn ich selbige auch nicht für Stimmen aus den Wolken erkennen konnte, mußte ich ihnen doch folgen. Sie hätten meine Weigerung nicht begriffen, denn sie riefen ja — zum Essen. Seefische waren ihnen doch lieber, als Seegeschichten.

Die Dresdner machen in die Kirschen.
Humoristisches Genrebild.

Ein Italiener, der sich in Dresden aufhielt, um die deutsche Sprache zu studiren und den ich kannte, trat eines Tages sehr betroffen zu mir ins Zimmer und sagte:

„Die Deutschen macken (machen) zu viel."

„Wie so?"

„Sie macken sogar nach Berlin. Ich finden den Ausdruck sehr inconveniente."

„O was das anbetrifft," rief ich lachend, „so muß ich bitten, die Deutschen nicht mit den Sachsen und ganz besonders nicht mit den Dresdnern zu verwechseln. Die Dresdner „macken" Dinge möglich, woran das übrige Deutschland sich gar nicht untersteht zu denken. Sie „macken" in die Baumbluth (in der Vulgata Boombluth genannt) und machen später in die Kirschen, im sächsischen Dialecte „Kerschen" benamset.

Der Italiener war bestürzt, und da er sich nicht in italienischen Ausdrücken Luft machen durfte (welche Expectorationen ihm bei der deutschen Sprach=Brunnenkur, die er brauchte, ernstlich untersagt waren), so wählte er bisweilen einen lateinischen Ausweg für sein Staunen, und rief jetzt, weil kein italienisch=deutsches Wörterbuch in der Nähe war, welches seinem Hülferufe nach landesüblichen Interjectionen geantwortet hätte: „Fieri non potest!"

„Doch, doch!" antwortete ich. Zwar sind die Dresdner Kirschfeste keine römischen Octoberfeste, aber sie haben etwas unbeschreiblich Gemüthliches vor letztern voraus. Da wandeln ganze Familien, wenn auch seltener in Begleitung der Väter, zu den Thoren hinaus und streben den baumgekrönten Hügeln des Plauen'schen Grundes oder den Höhen von Räcknitz zu, von welchen letztern einst die gute Stadt Dresden so entsetzlich bombardirt wurde und wo Moreau beide Beine verlor. Nun, das Blut, welches jetzt diese grünenden Hügel tränkt, ist unschuldig, und man nennt Diejenigen, welche danach lechzen, weder Tiger noch blutdürstige Wütheriche: es ist Kirschblut. Einfach sind die Altäre, worauf die Bevölkerung Dresdens der Göttin Pomona ganze Hekatomben zarter Fruchtkörper opfert, und man nennt sie ganz schlicht: Kirschhütten. Sie bestehen aus einer Bretterbude für Denjenigen, welcher eine bestimmte Anzahl Kirschbäume gepachtet hat und sich aus guten Gründen weder Tag noch Nacht von den süßen Lieblingen, die noch nicht unter Verschluß zu nehmen sind, trennen mag, — sowie aus roh gearbeiteten Bänken und Tischen, deren trotziges Aussehen an die Uranfänge menschlicher Culturbestrebungen erinnert und welche nur höchst selten eine Ueberdachung aufzuweisen haben für ungünstige

Witterungsfälle. Um die Kirschhütte herum herrscht den Tag über meistentheils heilige Stille. Höchstens verirrt sich ein durstiger Feldarbeiter dahin, oder, wenn der kunstlose Bau nicht zu weit von einer Landstraße entfernt liegt, ein Wanderer, der die kostspieligere Zeche in einem Wirthshause ersparen will und von der letzten Herberge her noch ein Stück trockenes Brod bei sich führt, das mit einem Maaß Kirschen versetzt zum Leckerbissen wird. Ja, es ist sehr still um die Kirschhütte und unter den nächsten Bäumen, so lange die Sonne hoch steht. Der Pächter mit denjenigen Gliedern seiner Familie, deren Thätigkeit in der Kirschhütte nicht nur an schwarzen Mündern und dunkelgesprenkelten Gesichtern, sondern auch an Händen erkannt werden kann, welche im Pflücken der Früchte geübt erscheinen, verrichtet hin- und hergehend das geheimnißvolle Vorbereitungswerk für die spätern Nachmittagsstunden und den Abend. Er steigt die Baumleiter hinauf und herab, die ältern Knaben helfen, der kleine Korb füllt den großen, einzelne Rufe erschallen durch die erhabene sonnenerwärmte Stille — der Landmann, kein Freund von vielen Worten, achtet vor Allem die Zauberformel des Zählens — die Hekatomben, welche bereit stehen, werden nach Mäßchen und Metzen gemessen — der Pächter zählt eintönig und im Schweiße seines Angesichts, wie viel Maaß er gesammelt, sondert die Schwarzen von den Weißen und blickt bisweilen nach dem Wege um, auf welchem die Städter den Sturmlauf nach seiner Hütte beginnen sollen und werden. Ein lieblicher Klang trifft sein lauschendes Ohr: es plappert, es schnattert, es kreischt und ruft von weitem wie weibliche Stimmen und Kinderstimmen durcheinander. Verbote und Gebote (wie es scheint, sehr wenig beachtet, denn sie wer-

ben unaufhörlich wiederholt) erschallen und werden durch
kindliches Lachen oder muthwilliges Geschrei beantwortet.
Sie sind es, die Dresdner Mütter mit ihren Kindern,
Kindermädchen und Kinderwagen, Strickbeuteln und „Butter=
bemmen", sie sind es, sie „machen in die Kirschen!" —
Nun kommen sie heran, nun treffen Bekannte Bekannte,
Verwandte die Verwandten, man setzt sich, man lagert sich,
es wird nach den Preisen der Früchte gefragt, gefeilscht, die
Kinder erhalten strenge Ermahnungen, sich keine Flecken
in die Kleider, höchstens welche in die Gesichter und an die
Hände zu machen, wenn es denn einmal Flecke geben muß.
Aber es ist keine Zucht und Ordnung zu halten. Clärchen
im frischen, weißen Anzuge (vielleicht ist er auch nur vom
vielen Waschen so blaß geworden) hat noch keine einzige
Kirsche gegessen, und doch ist im Faltenreichthume ihres
steifen Röckchens, das sie zirkelrund umgibt, schon ein höchst
unordentliches Muster von dunkelrothen Punkten in der
Größe eines Neugroschens zu sehen. Clärchen hat noch
keine Kirsche gegessen, ach, und das Muster ist ja auch gar
nicht auf der gewöhnlichen Fahrstraße von der Hand in
den Mund — Clärchen hat sich ins Gras gesetzt und nicht
daran gedacht, daß es kein Teppich vor Mama's Sopha
ist, worauf die Kirschen nur gemalt sind. Neidisch blickt
die von Vorwürfen Niedergedonnerte auf die mehr als
mangelhaft gekleideten jüngern Kinder des Kirschenpächters,
deren grobes Hemdlein ein einziger vielfach schillernder
Schmutzfleck zu sein scheint, und deren unbekleidete Beinchen
dem Gotte, der Kirschen wachsen ließ, zu Ehren, tättowirt
erscheinen. Ich glaube, Clärchen wirft zum ersten Male
in ihrem Leben einen Haß auf alle Halbheit, nur nicht
auf die Halbheit in der Bekleidung der Kinder des Kir=

schenpächters. Sie hat Recht! Wenn man einmal in die
Kirschen machen will, so muß man sich auch so ankleiden,
daß man sich auf das Schlachtfeld und in den Kampf mit
den Schwarzen und Weißen wagen kann. Ihre Gedanken
werden kühner. Sie betrachtet die Kinder nochmals; es
scheint ihr, daß diese Kinder wohl niemals gewaschen wer=
den! O nein, Seife und Schwamm können ihnen noch
nie Thränen entlockt haben; und in solche tiefe Betrach=
tungen versunken biegt Clärchen den einen Fuß so sehr auf
die Seite, daß das Oberleder den Fußboden berührt.

„Wie stehst Du wieder da?" ruft die Mutter erzürnt,
„Du trittst alle Stiefeln schief. Komm, setze Dich auf die
Bank!" Das Kind gehorcht und klettert an der roh ge=
arbeiteten Bank empor. Da vernimmt das mütterliche
Ohr einen Klang, den sonst kaum ein Menschenohr so fein
unterscheiden dürfte. Der Ton geht der Mutter bis in die
fleißigen Fingerspitzen — Clärchen hat sich an der Bank
einen Riß, einen fürchterlichen Riß in die gestickte Kante
am kurzen Röckchen gemacht. Ein neuer Platzregen von
Vorwürfen rieselt auf das Kind nieder, welches heute aus=
gemachtes Pech hat. Aber der Vater, der indessen langsam
nachgekommen ist, nimmt die Kleine indirekt in Schutz.
„Ist das eine Art, die Kinder anzuziehen, wenn man in
die Kirschen machen will?" ruft er verdrießlich. „Laßt
doch den Firlefanz von Spitzen und Stickerei und Häkelei
daheim, wenn wir in die freie Natur gehen. Als in die
Baumbluth gemacht wurde, waren die Kinder ganz eben
so aufgeputzt, ein fürchterliches Donnerwetter kam und der
ganze Putz ging flöten. Die Kirschen sind unterdessen reif,
Ihr aber noch nicht klüger geworden." Der Vater hat sich
geärgert und muß den Aerger mit etwas Flüssigem hin=

unterspülen. Kirschen helfen nicht dagegen, Kirschwasser wäre besser. Er nähert sich der Hütte des Pächters mit Absichten, welche dieser sogleich erräth. Tief im Stroh verborgen, worauf die ganze in der Villeggiatur begriffene Familie des letztern des Nachts im Schlafe die unterdrück=
ten Seufzer über des Tages Last und Hitze ungehindert aushaucht, in diesem von Geistern gemordeter Kirschen be=
lebten und erfüllten kleinen Raume wird, in einen thöner=
nen plumpen Körper gebannt, auch noch ein anderer Geist aufbewahrt, welchen der Aerger des Dresdner Familien=
vaters jetzt aus seiner Verborgenheit heraufbeschwört. Wie viel Antheil die Flußgeister vom rauschenden Sohne des Gebirges da unten, an dem hitzigen, in die Flasche gebann=
ten Geiste vielleicht haben mögen, und wie sehr jene am Ende gar bestrebt sind, diesen unschädlich zu machen, das wollen wir nicht untersuchen.

Das Starke mit dem Zarten zu paaren, müssen wir vertrauensvoll dem Kirschpächter überlassen, er betreibt das Geschäft dieser Mischung seit Jahren und reicht dem schon durch den Anblick der thönernen Flasche wieder besänftigten Familienvater aus Dresden das sicherlich ebenfalls besänf=
tigende Getränk, welches aber nicht aus Kirschwasser, son=
dern aus Wasser und Kümmel, also aus Kümmelwasser besteht, lächelnd dar. Dann vertraut der Pächter seinem Gaste an, daß er in den nächsten Tagen noch eine Flasche „ächten Korn" erhalten werde, und Beide stehen und kosten und der sparsame Vater Clärchens erklärt endlich, daß, wenn er noch mehr kostet, die Partie in die Kirschen zu viel kostet.

Unterdessen vernimmt man vom Tische her, wo Kirschen gegessen werden, nur gewisse Töne, welche denen gleichen, die das Ohr ergötzen, wenn in einer Schule der Buchstabe P nach der Lautirmethode einstudirt wird. Eine Kirsch= kernkanonade ist eröffnet worden, und die wenigen Gras= hälmchen am zertretenen tennenartigen Fußboden, den eine unordentliche Mosaik von zahllosen gebleichten Kernen ver= unziert, sind die Zielpunkte des ungeregelten Bombarde= ments aus so und so viel Mündern. Der Vater tritt an den Tisch und fragt:

„Schmeckt's?"

Man nickt, weil die höchste Zufriedenheit hier selbst die Sprache versagt. Dagegen belohnt den Gatten ein Lächeln von den schwarzen Lippen der Gattin für das Opfer, welches er der Familie gebracht hat, mit in die Kirschen zu machen. Jetzt gebieten Mütter, Tanten und Cousinen, daß die Kinder genug des Obstes haben und consistentere Nahrungsmittel ihre Mägen vor Verderben bewahren sollen. Die Dienstmädchen, welche in bescheidener Ferne ihr Maaß Kirschen geringerer Sorte verzehrt haben, werden beordert, die Kinderwagen heranzufahren. Zu welchem Zwecke? Soll der jüngste Sprößling, der sich auf dem Arme der Mutter oder Tante befindet und der die Zuvorkommenheit, ihm eine Kirsche in den Mund drücken zu wollen, mit hef= tigem unsachverständigen Sprudeln des Widerwillens ver= golten hat, in seine Carrosse zurückversetzt werden? O nein, man wühlt nur in den Eingeweiden des Wagens, um die darin verborgene Fourage ans Tageslicht zu fördern. „Butterbemmen," welche darum so zärtlich versteckt wurden, weil ihnen sonst die Sonne den Mund geöffnet hätte, kommen in Zeitungen eingewickelt zum Vorschein, woran man sogleich erkennen kann, welcher politischen Richtung der Hausvater angehört. Diese gefüllten und fettig ge=

worbenen Papiere sind wieder in großen gestickten oder gestrickten Beuteln und Taschen verborgen, welche man am besten als angehende Reisetaschen bezeichnen könnte, so groß, weit und verblichen sehen sie aus. Eine Fahrt in die Baumbluth oder in die Kirschen hat ihnen diese Blässe nicht zugezogen. Viele Lustra gehörten dazu, ihre blühenden Farben zu dämpfen, und vielen „Bemmen" nur konnte es gelingen, durch die gutverwahrten inneren Wände bis in die Blumen und Arabesken der Außenwerke zu bringen und fettige Spuren darin zu hinterlassen. Es ist kaum denkbar, daß eine ächte, rechte Dresdner Familie ohne Butterbröde und vielleicht einiges Zubehör in die Kirschen macht, denn die Dresdner sind im Allgemeinen solid und äußerst sparsam. Diese Butterbröde sind noch ein rührender Zug aus guter alter Zeit, ihre gänzliche Abschaffung bei Familienpartien würde die Aera des Leichtsinns und der Verschwendung ankündigen. — Nachdem der Inhalt der guten alten Strickbeutel den Ort seiner Bestimmung erreicht und zugleich den Zweck erfüllt hat, dunkle Lippen und Zähne etwas abzuwaschen, setzt sich die Familie in Bewegung und hält unter Vortrab des Vaters ihren Wiedereinzug in die Stadt. „Geschmückt mit grünen Reisern," den Kinderwagen triumphatorisch in der Mitte, unter Scheltworten und Geschrei zieht die Caravane einher. Der Vater blickt mißtrauisch gen Himmel und prophezeit Regen; er treibt zur Eile an, der Kinderwagen holpert und stolpert in raschem Tempo über das Straßenpflaster, die Kleinen können nicht mehr fort vor Müdigkeit — da nimmt der Vater das Eine auf den Arm und den unvermeidlichen Regenschirm unter den andern Arm, die Mutter führt das hinkende Clärchen und zieht oder schiebt mit der andern Hand am Kinderwagen. Gott sei Dank! der Himmel hat Mitleid mit den Bestrebungen der heimkehrenden Familie. Er beträgt sich zurückhaltend, bis sie ins Haus sind. Zwar trägt der Vater die Partie in die Kirschen nebst allen damit verbundenen Unannehmlichkeiten, als da sind: Flecke und Risse in den Kleidern und Störungen in den betreffenden Verbauungen, mit den Worten in die Annalen des Hauses ein: „Einmal in die Kirschen gemacht und nicht wieder!" aber er hat das schon so und so viele Jahre gesagt und gethan, und wird es wohl noch manches Jahr, vielleicht bis an sein seliges Ende thun.

Der Italiener warf hier die Frage auf, ob auch Vornehme in die Kirschen machten?

„Selten," antwortete ich. Höchstens hält eine Equipage in einiger Entfernung von der Kirschhütte und der Bediente nähert sich derselben mit einem reizenden Körbchen, welches er füllen läßt. — Auch scheint die Kirschhütte eine gute Erfindung für Mädcheninstitute zu sein. Sie liegt einsam, man trifft dort niemals lockere Gesellschaft, die Bewachung von so und so viel halb und ganz flüggen Vöglein wird leichter, es ist also ein anständiges, erlaubtes, solides Vergnügen, in die Kirschen zu machen, welches noch dazu den Vortheil bietet, allen Theilnehmerinnen die Aufgabe für die nächste stylistische Lection stellen zu können, sich englisch, französisch oder deutsch über dasselbe zu verbreiten. Wie lehrreich, wie moralisch erscheint also die Kirschhütte! Wehe der Schülerin, die auch nur einen Sperling vergißt, der sich über dem Haupte der Lehrerin wiegte und den Hut derselben mit einem kleinen, weniger willkommenen Andenken verunzierte!

Bisweilen verirrt sich aber doch auch ein Trupp Cri=

nolinen von der weitesten Sorte und auf's Schönste von Falbeln und Spitzen überflattert, in die armselige Kirsch=hütte. Mit herablassendem Lächeln und blasirtem Augen=zwinkern nähern sich die Umfangreichen den schmalen Bänken und müssen es mehrere Male versuchen, auf ihnen Platz zu nehmen, ehe das Drahtgestell, von eiserner aristokrati=scher Gesinnung beseelt, es zugibt, daß die erhabenen Glieder, die es umspannt, auf einer gemeinen, roh gear=beiteten Bank von Holz Ruhe suchen und finden. Ein Spitzentaschentuch, eigentlich nur bestimmt, die Trompeten=stöße eines Gesichtserkers von jedenfalls edelster Bildung in unmittelbarster Nähe zu belauschen, wird untergebreitet und trennt den geglätteten Mousseline vom ungehobelten Kern eines Fichtenstammes. Man wählt sauere, soge=nannte spanische Kirschen, denn sie sind so artig und machen keine Flecke und schwärzen edle Gesichter nicht an. Man bezahlt das ganze Maaß und läßt die Hälfte davon stehen.

So „machen" die Vornehmen in die Kirschen! —

An einer Straßenecke Dresdens.

„Und die Wagen donnerten zum Ziel!" — An dieses Dichterwort, welches sich auf die olympischen Spiele bezieht, wird man bisweilen unwillkürlich an die Ecke, wo mittlere und große Frauengasse sich kreuzen, besonders an sogenann=ten Markttagen erinnert. Der vorwärtsstrebende Fußgänger vulgo Pflastertreter wird dort, wie mich die Erfahrung gelehrt hat, häufiger als anderswo an seine miserable Zwei=beinigkeit im Vergleiche mit der stolzen Vierbeinigkeit des

Rosses niederbrückend gemahnt. Ich stehe an J. H. Meyers Schnittgewölbe und strebe hinüber nach der andern Hälfte der großen Frauengasse, aber ein Conflux von Wagen, eine wahre Wagenburg, umschwirrt von Peitschengeknall, von Hundegebell, Ausweichungsermahnungen, Commandoworten der Wagenlenker hindert mich am Ueberschreiten des Rubikons, d. h. der mittleren Frauengasse. Ich wähle endlich den Ausweg, gar keinen Weg zu wählen, und fange an zu beobachten. Auch das „Eckestehen" hat seinen eigenthümlichen Reiz. Schatten geben mir die Orangenbäume, die ein gewandter Pinsel auf die äußern Flügelthüren des Verderber'schen Etablissements gemalt hat, und Unterhaltung ist in Ueberfülle da. Bis sich der Wagenknäuel entwirrt haben wird, prüfe ich die Schärfe meiner Sehkraft an Schwendlers hübschen Photographien drüben im Aushängekasten. Ich bemerke aus der Ferne nur, daß dort die zarte Jugend reich vertreten ist. Auch darin liegt ein Zeichen der Zeit. Die Jugend gilt jetzt Alles, und ich glaube, wenn dieser Artikel käuflich wäre, so würde der größte Schwindel mit Jugendaktien getrieben werden. Auch die liebe stolze Sonne, die sich hat herablassen müssen, ihr Malertalent für uns kleine Menschlein des 19ten Jahrhunderts auszubilden, sie, die wir bisher als produktives Talent in höchster Potenz verehrten und schätzten, ist zur reproduktiven Kunst herabgestiegen und hält es nicht unter ihrer Würde, bisweilen das dümmste Gesicht, an dem man schon, wenn man es einmal gesehen, hinlänglich genug gehabt hätte, einige Dutzend Male zu reproduziren. Sie wird dafür hoffentlich die Entschädigung haben, in einem muthmaßlichen Künstleralbum des zwanzigsten Jahrhunderts selbst über Angelika Kaufmann gestellt zu werden. Jetzt will ich von der himmlischen Künstlerin nur noch bemerken, daß auch sie der zarten und zärtesten Jugend zu huldigen scheint, sie trifft die Unmündigen meist am besten, wenn sie nur ein wenig still halten wollen, während die Mündigen nicht immer Ursache haben, mit ihr zufrieden zu sein, und ihr oft alles Idealisirungsvermögen absprechen. Aber auch hierin folgt sie der Zeitrichtung, welche in der Kunst krasse Wirklichkeit veredelter Lebenswahrheit irrthümlich voranstellt. Die Aussicht wird mir plötzlich verkümmert. Die holden Kindlein im Aushängekasten werden überfahren, d. h. ein hochbeiniges Viergespann aus irgend einer Mühle in der Umgebung Dresdens rasselt an dem Kasten vorüber und entzieht sie meinen Blicken. Stolz zu Rosse sitzt der zartbestaubte Müllerbursche; der bekannte Nahrungsstoff hat ihn gepudert. Er knallt mit der Peitsche, als hegte er die unfreundliche Absicht, die armen Kleinen im Aushängekasten mit einem einzigen gewaltigen Streiche für alle Unarten zu bestrafen, die sie vielleicht begangen haben und noch begehen werden. Der Gepuderte hat kein Mitleid mit meiner Seelenangst, er blickt herab, als wollte er sagen: „Hoch und niedrig, vornehm oder gering, der weiße Staub, den ich zur Stadt bringe, ist doch das hauptsächlichste Futter für Euch Alle." — Wenn er so denkt, hat er nicht Unrecht, denn der Mensch ist ein **Mehlwurm**, dessen grimmigster Feind in der höhern menschlich-thierischen Naturgeschichte der Kornwurm ist. — Aber was ist das? Plötzlich entsteht Geschrei. „Mein Ami! mein Ami!" kreischt eine Stimme. Es ist die einer Hundeliebhaberin. Der theure Ami (in doppeltem Sinne theuer, denn er kostet viel Steuer!) ist der zärtlichen Pflegerin vom Arme gesprungen und mischt sich lustig in das Droschkengewühl.

Wie eine Henne, von der man Enten ausbrüten ließ und
die nun ihre Jungen mit Verzweiflung das bewegliche
Element eines dunklen Teichs tollkühn betreten sieht, wohin
sie ihnen nicht folgen kann: so steht die Hundefreundin
vor dem Räderwerk mehrerer Droschken, worunter ihr Ami
mit Leichtigkeit umherschwänzelt und die Spur einer ver=
lorenen amie wiederzufinden strebt. Aber Ami bekommt
in demselben Augenblicke einen kräftigen Tritt von einem
geschäftigen Zweifüßler im Frack, der aus einer Droschke
sprang und so eilig ist, als brenne ihm ein wichtiges
Aktiengeschäft in der Tasche. Ach, diese Zweifüßler tragen
Absätze an den Füßen, und der durchdringende Klagelaut
Ami's sagt mir, er habe den Absatz des Geschäftigen ge=
kostet. Hinkend kehrt er zu seiner trostlosen Beschützerin
zurück. Da ich aber hier einmal Ecke stehe, muß ich auch
des Blumenverkäufers gedenken, der gerade vor Verderbers
mit schönen Apfelsinen verzierten Fenstern seine Blumen
an der Erde ausgestellt hat. Die Kresse, meine Lieblings=
blume, spielt dabei eine Hauptrolle, aber der Händler hat
einen schlimmen Stand. Von Norden und Süden her
bedrohen Hundewäglein den idyllischen Frieden seiner Blu=
men. Ein mit Milchkannen und ein anderer mit Kohlen
beladener stürmen auf ihn ein, und der arme Mann eilt
wie ein vom Feinde bedrängter Feldherr bald an den
rechten, bald an den linken Flügel seiner aufmarschirten
Blumentöpfe und donnert Worte der Abwehr. Aber auch
sein Centrum wird attakirt. Der Wagen des Müller=
burschen ist aufgehalten worden, und sein vorderstes Zwei=
gespann scheint Lust zu haben, die schönen Kressen für
Butterblumen von irgend einer Wiese zu nehmen. Schon
beugen sich die Pferdeköpfe langsam und prüfend zur Erde

nieder, mir bünkt, ich fühle den heißen Athem aus ihren Nüftern, der wie ein todverkündender Samum über die zarten Kreffenhäupter hinweht — aber der Händler fpringt herbei, fein Angftruf mahnt den Müller an das außer Acht gelaffene Vordergespann, der zieht die Zügel feiner Regierung ftraff an, die Pferde erheben die Häupter, die Kummete rutfchen wieder auf den Hals hinab, das Gefchirr raffelt, und durch diefen impofanten Klang hindurch vernehme ich die Stimme des Händlers, welcher im vollften Rechte ift, wenn er im lauteften fächfifchen Dialekte fchreit: „Nee, Herr Jefes! Wer bezahlt doch feine Stelle, und felber da is mer nich ficher, über'n Haufen geriffen zu wer'n!" — An J. H. Meyers Schnittgewölbe und prächtigen Fenftern der Schau hat fich unterdeffen eine zahlreiche Verfammlung weiblichen Gefchlechts eingefunden. Sie brängt fich vorzugsweife um das dritte Fenfter in der mittlern Frauengaffe, wo zurückgefetzte Waaren zu herabgefetzten Preifen mit beigefügter Preisbeftimmung zu fehen find. Diefe Zurückgefetzten find durchaus nicht fo unglücklich, als der Sinn diefes Wortes fonft anzudeuten pflegt, denn fie werden oft viel mehr beliebäugelt, als die fchönen neueften Waaren in den beiden vordern Fenftern. In letztern fehlen nämlich die Preisbeftimmungen, und ift aus diefer Geheimnißkrämerei mit Schaudern zu fchließen, daß fie enorm hoch fein müffen. Am billigen Fenfter alfo fehe ich zwei höchft einfach gekleidete junge Mädchen ftehen, welche fehnfüchtige Blicke nach einem Rofa=Cattun oder Mouffelin werfen. Rofa, die Farbe der Jugend, lockt fie mächtig an. Sie ftehen und flüftern fich intereffante Bemerkungen über den Stoff und wie fchön er fie kleiden würde, lächelnd zu. Vielleicht auch denken fie an die Er=

oberungen, die sie in diesen mit der Morgenröthe an Pracht wetteifernden Gewändern machen müßten. Jetzt bemerken sie, daß ich sie beobachte, und ziehen ihres Weges. Kinder, wär' ich reich, schon am nächsten Sonntage sollte Euch die Morgenröthe schmücken, daß selbst Aurora neidisch würde auf Euch und Euren Mousseline. Kaum ist dieser fromme Wunsch in meiner Seele aufgestiegen, als mir auch schon ein anderer erfüllt wird. Es öffnet sich die Gasse und ich überschreite ungehindert den gepflasterten Rubikon.

In demselben Verlage erschien ferner:

Berglon's Romanbibliothek.

Preis pro Band in elegantem Umschlag Rth. 1.

I. Heinrich Waldeck.

Die Egoisten.

II. Edmond About.

Die Bank gesprengt!

III. H. Helms.

Aus Skandinavien!

Novellen und Skizzen.

IV. **Marcella**.

Ein Genrebild
aus der
Theaterwelt von Turin und Paris.